求められる人材になるための

社会人基礎力講座

第3版

山﨑 紅 著

日経BP

はじめに

本書のねらい

　本書は、学生（大学生、短期大学生、専門学校生、高校生）、就職活動中の方、就職内定者、新入社員（3年目程度まで）など、これから社会人として多様な人々と関わりながら生きていこうとするすべての人に、社会人基礎力について考えていただくテキストです。

　本書が扱う社会人基礎力は、経済産業省が提唱する「社会人基礎力 3つの能力 12の能力要素」の定義に基づき、その能力要素を順に解説するかたちを取っています。しかしながら、これらの定義は、社会人基礎力という大きなテーマに対して、それを少しでもわかりやすく解説するための便宜上の分類でしかありません。実際には、個々の能力は独立するものではなく、密接に関わり合いながら複合的に発揮され、その境界線もあいまいで重なり合う部分が多いことを書き添えておきます。したがって、これらの能力を強化するときにも、さまざまな学習や仕事の経験をとおして、複合的に進めることになります。そうした実践の場に立つ前の予備知識や心構えを知るテキストとして、学校教育の場、企業の内定者教育や新入社員教育の場で、活用いただければ幸いです。

　厳しいビジネス環境のなかで、新しく社会の一員となって歩み始める皆さんにとって、手に下げる小さな明かりのように、その歩みを進める一助になればうれしく思います。

山﨑　紅

本書の構成と特長

　本書は、全15章、各章8〜12ページ程度の構成で、1章を90分授業で完結できるようになっています。チームディスカッションの取り入れ方によって、60分授業や新入社員研修でも活用できます。受講者が好奇心と問題意識を持って取り組めるようにケーススタディや事前チェックシートを取り入れたり、実際の授業や仕事のなかで行動に移せるように、プロジェクト活動を例に挙げて実践方法を解説しています。

- 目的　　　　　　　　その章の目的を理解する
- ケーススタディ　　　その章のテーマに関する会話例を読んで興味を持つ
- 事前チェックシート　自己診断によって自分の現状を簡易に確認し、問題意識を持つ
- ディスカッション　　ケーススタディについてチームで話合い、考えを深める
- 講義　　　　　　　　基本的な考え方、心構えを学ぶ
- 実践　　　　　　　　プロジェクト活動を例に、実践と強化のヒントを学ぶ
- 振り返りシート　　　学んだことを踏まえて現状を振り返り、今後の進め方を考える
- ディスカッション　　自分で振り返ったことをチームで共有し、気づきを得る

本書の使い方

　本書は、「社会人基礎力講座」という講習を独立して行う方法のほか、他の講習の副読本として使用したり、心構えを身に付けるための自習教材として取り入れるなど、さまざまな使い方を想定しています。以下に使用例を挙げます。

＜1単位として行う＞
- 「社会人基礎力講座」を大学・短期大学・専門学校などの1単位（標準15回×90分授業）として行い、そのテキストとして使用する。

＜他の講習の一部に組み込む＞
- チームで何らかの研究に取り組むような授業において、チーム研究に入る前の心構えを学ぶ講習（時間や回数は任意）を行い、そのテキストとして使用する。
- 新入社員研修や若手（入社3年程度まで）研修において、社会人基礎力を学ぶ講習（時間や回数は任意）を行い、そのテキストとして使用する。

＜自習教材にする＞
- チームで何らかの研究に取り組むような授業において、チーム研究の心構えを学ぶための自習教材として使用する。
- 内定者に対して、入社前に社会人としての心構えを学ぶための自習教材として使用する。
- 新入社員研修や若手（入社3年程度まで）研修において、社会人基礎力を学ぶための自習教材として使用する。

＜指導する側の手引きにする＞
- これから社会に出る学生や、新入社員、若手社員を指導する立場の方が、どう指導していったらよいのかを知るための手引きとして使用する（特に、新入社員の配属先の上司や、新入社員の世話係になる先輩社員など、体系的に指導ポイントを学んだことがない方に対して、一定レベル以上の指導力をつけていただく目的で使用する）。

　副読本として、他の講習の一部に組み込んだ場合は、その講習を進めていくなかで必要に応じて振り返りにもお使いいただけます。例えば、チーム研究をプロジェクトとして進める授業では、半年、1年をかけて取り組んでいきますが、チームワークが乱れるような事態が発生したり、メンバーのモチベーションが下がるなどして、途中でプロジェクトが停滞することがよくあります。そうしたときに、講師の判断で「社会人基礎力講座」の必要な章を取り上げて軌道修正を行うとよいでしょう。

　また、本書は、指導する側の立場の方の手引きとしてお読みいただくと、大変効果的です。これから社会に出る学生や、新入社員、若手社員は、どういう能力が求められるのか、一読いただくことで、指導する側の頭が整理され、効果的な指導ができるようになります。「社会人基礎力」はいずれも基本的なことであり、ある程度の社会人経験があれば、多くの人は仕事をとおして体験し理解していると思いますが、本書で体系的に学ぶことで、これまで身に付けてきたことを整理できます。

「社会人基礎力」の強化は、「さあ、今日は実行力を強化しましょう！」などと単純なものではなく、仕事を進めていくなかで気が付いたら「実行力」が強化されていた、というほうが感覚として近いでしょう。それを支えるのが、指導する側の講師、上司、先輩などです。指導する側は、「社会人基礎力」とはどういうものかをよく理解し、指導される側が自然と 12 の能力要素を複合的に強化していけるように配慮しながら、ナビゲートしていただきたいと思います。そのために、指導する側こそ、体系的に学んでおく必要があります。

講義の進め方

　本書を活用した講習において、各章の標準的な進め方は以下の流れです。何時間で講義を行うかによって取り上げる章を絞ったり、以下のいずれかを割愛して調節ください。

1. **目的**－各章の冒頭にある「講義の目的」を講師が読み上げて印象付ける
2. **導入**－ケースを読む
   第 15 章を除き、複数の登場人物による会話が記載されています。会話には、その章で学習する内容について考えるきっかけとなる要素が盛り込んであります。時間がとれるなら、受講生の代表者を決めて全員の前で演じてもらいます。
3. **導入**－各自、事前チェックシートに記入、ケースを読んで考えたことを書き出す
4. **導入**－グループディスカッション
   どのケースも社会人基礎力が不足している人が登場するので、どういう点がよくないのか考えたり、自分もそういうことがないか、振り返ります。
5. **導入**－ディスカッション内容の発表
   ディスカッションした内容を、いくつかのグループに発表してもらいます。
6. **講義**－内容をテキストに沿って講師が説明する
7. **実践**－内容をテキストに沿って講師が説明する
   プロジェクト活動の経験がない受講者、今のところそうした経験の場がない受講者に対して講義を行う場合は、解説しても理解が難しく活かす場がないので、この節は割愛しても構いません。
8. **振り返り**－振り返りシートに記入する
9. **まとめ**－各自が書いたことをグループ内で共有する
   これは、時間がなければ割愛してもよいですが、人の考えを聞くことは自分が思っても見なかった着眼点など気付きも多いので、可能な限り行ってください。

本書を使って自習される方や講師の方に、各章の「導入」にあるケースについて考えるときのヒント、補足情報や活用方法をまとめた「講座の手引き」と「講師用プレゼンテーション資料」を以下からダウンロードできます。

　https://nkbp.jp/071043

※ファイルのダウンロードには日経 ID および日経 BOOK プラスへの登録が必要になります
　（いずれも登録は無料）。

求められる人材になるための

社会人基礎力講座　第3版

目次

はじめに………………………………(2)

第1章………………………………1
人生設計とキャリアデザイン
人生に対する考え方と働く意味
1. 導入………………………………2
　(1)ケース「あなたはなぜ働くの？」
　(2)事前チェックとディスカッション
2. 講義………………………………4
　(1)人生設計を考える
　　■多様化する現代人の価値観
　　■生きる目的と大切にすること
　　■主要イベント予測と生涯収支シミュレーショ
　(2)キャリアデザインを考える
　　■なぜ働くのか
　　■目指すキャリアを具体的に考える
3. 振り返り………………………………7

第2章………………………………9
社会人になるということ
社会人の心構えと求められる能力
1. 導入………………………………10
　(1)ケース「求められる人材ってどういう人？」
　(2)事前チェックとディスカッション
2. 講義………………………………12
　(1)社会人としての心構え
　　■多様な人々と協力する
　　■役割を果たして貢献する
　　■仕事を通して成長する
　(2)社会人基礎力とは
　　■人生100年時代に社会人に求められる能力
　　■社会人基礎力
3. 実践………………………………15
　(1)プロジェクトとは
　(2)プロジェクトと社会人基礎力
4. 振り返り………………………………16

第3章………………………………17
前に踏み出す力(1)－主体性－
物事に進んで取り組む力
1. 導入………………………………18
　(1)ケース「全然やる気が感じられない！」
　(2)事前チェックとディスカッション
2. 講義………………………………20
　(1)なぜ主体性が求められるのか？
　(2)自ら考え行動する
　　■自分で目標を設定する
　　■目標に向かって何をしたらよいか考える
　　■自分から率先して行動に移す
　(3)自分の行動に責任を持つ
　　■自責で考える
　　■最後までやり抜く
3. 実践………………………………22
　(1)プロジェクトを立ち上げる
　(2)プロジェクトに積極的に参加する
　コラム「天は自ら助くる者を助く」
4. 振り返り………………………………24

第4章………………………………25
前に踏み出す力(2)－働きかけ力－
他人に働きかけ巻き込む力
1. 導入………………………………26
　(1)ケース「誰も協力してくれない?!」
　(2)事前チェックとディスカッション
2. 講義………………………………28
　(1)なぜ働きかけ力が求められるのか？
　(2)目的を共有する
　　■大きな目的を話し合う
　　■迷ったら目的に立ち戻る
　(3)相手を尊重する
　　■相手の気持ちを考える
　　■相手の立場を考える
　(4)アサーティブに行動し、よい影響を与える
　　■アサーティブにコミュニケーションする
　　■周りの人が気持ちよく取り組めるように自ら
　　　行動する
　(5)自分を客観視する
　　■独りよがりになっていないか振り返る
3. 実践………………………………32
　(1)プロジェクトメンバーをリードする
　(2)プロジェクトメンバーを助ける
　コラム「徳は孤ならず、必ず隣あり」
4. 振り返り………………………………34

第5章 …………………………… 35
前に踏み出す力(3)－実行力－
目的を設定し確実に行動する力

1. 導入 ……………………………………36
   - (1)ケース「あきらめるのはまだ早い・・・」
   - (2)事前チェックとディスカッション
2. 講義 ……………………………………38
   - (1)なぜ実行力が求められるのか？
   - (2)目的と目標を心に刻む
     - ■目的を明確にする
     - ■目標を設定する
   - (3)モニタリング＆コントロールする
     - ■進捗状況をモニタリングする
     - ■計画の遅れをコントロールする
   - (4)最後まで粘り強くやり抜く
     - ■小さな成果を積み重ねる
     - ■やり抜く覚悟を持つ
3. 実践 ……………………………………40
   - (1)プロジェクトの目的を理解する
   - コラム「功の崇きはこれ志、業の広きはこれ勤」
   - (2)プロジェクトをやり遂げる覚悟を持つ
   - (3)プロジェクトの成果を振り返る
4. 振り返り ………………………………42

第6章 …………………………… 43
考え抜く力(1)－課題発見力－
現状を分析し
目的や課題を明らかにする力

1. 導入 ……………………………………44
   - (1)ケース「その場しのぎの解決では役に立たない」
   - (2)事前チェックとディスカッション
2. 講義 ……………………………………46
   - (1)なぜ課題発見力が求められるのか？
   - (2)問題・課題とは何か
   - (3)課題を発見する着眼点
     - ■すでに起きている問題を見つける
     - ■将来に向けて達成したいありたい姿を考える
   - (4)課題を発見して解決するまでの流れ
   - (5)現状の問題から課題を設定する
   - (6)ありたい姿から課題を設定する
3. 実践 ……………………………………50
   - (1)データを集めて現状を観察する
   - (2)問題や課題を話し合う
4. 振り返り ………………………………52

第7章 …………………………… 53
考え抜く力(2)－計画力－
課題の解決に向けたプロセスを
明らかにし準備する力

1. 導入 ……………………………………54
   - (1)ケース「行き当たりばったりでは回らない！」
   - (2)事前チェックとディスカッション
2. 講義 ……………………………………56
   - (1)なぜ計画力が求められるのか？
   - (2)目標達成までのプロセスを明確にする
   - (3)実行できるように具体的にする
     - ■具体的なアクションにブレイクダウンする
     - ■実行順序や役割分担を決める
     - ■詳細スケジュールを決める
   - (4)優先順位を考える
     - ■優先順位の判断基準を明確にする
     - ■優先順位の判断ミスに注意する
     - ■柔軟に考える
   - コラム「胆は大ならんことを欲し、
     心は小ならんことを欲す」
3. 実践 ……………………………………62
   - (1)プロジェクト体制を決める
   - (2)プロジェクト計画を立てる
   - (3)プロジェクトの進捗を管理する
4. 振り返り ………………………………64

第8章 …………………………… 65
考え抜く力(3)－創造力－
新しい価値を生み出す力

1. 導入 ……………………………………66
   - (1)ケース「今までどおりで本当にいいの？」
   - (2)事前チェックとディスカッション
2. 講義 ……………………………………68
   - (1)なぜ創造力が求められるのか？
   - (2)好奇心と問題意識を持って情報収集する
   - (3)必要な専門知識を学んで引き出しを増やす
   - (4)自分なりの工夫を考える
   - コラム「守破離」
3. 実践 ……………………………………70
   - (1)プロジェクトに必要な知識を学ぶ
   - コラム「必要な情報を自動的に受け取る工夫」
   - (2)アイデアを積極的に出し合う
     - ■ディスカッションする場を工夫する
     - ■ディスカッションする手法を工夫する
   - コラム「人間は考える葦である」
4. 振り返り ………………………………74

(6)　社会人基礎力講座　第3版

第9章 ·········· 75
チームで働く力(1)－発信力－
自分の意見をわかりやすく伝える力

1. 導入 ·········· 76
   - (1) ケース「相手に伝わってこそ意味がある」
   - (2) 事前チェックとディスカッション
2. 講義 ·········· 78
   - (1) なぜ発信力が求められるのか？
   - (2) 正確・簡潔・わかりやすく伝える
     - ■正確に伝える
     - ■簡潔に伝える
     - ■わかりやすく伝える
   - (3) タイムリーに伝える
     - ■緊急なら歩きながらでも伝える
     - ■急がないなら受け手の状況に合わせる
   - (4) 受け手の理解を確認する
   - (5) さまざまな発信手段を使い分ける
     - ■状況に合わせて手段を選ぶ
     - ■複数手段を組み合わせる
3. 実践 ·········· 82
   - (1) プロジェクトの報連相を徹底する
     - ■プロジェクトオーナーへの報告
     - ■プロジェクトマネージャーへの報連相
     - ■プロジェクトメンバー同士のコミュニケーション
   - コラム「人の己を知らざるを患えず、
       人を知らざるを患う」
4. 振り返り ·········· 84

第10章 ·········· 85
チームで働く力(2)－傾聴力－
相手の意見を丁寧に聴く力

1. 導入 ·········· 86
   - (1) ケース「私の話、聞いてる？」
   - (2) 事前チェックとディスカッション
2. 講義 ·········· 88
   - (1) なぜ傾聴力が求められるのか？
   - (2) 素直な心で聴く
     - ■聴くことに専念する
     - ■むやみに相手の話をさえぎらない
   - (3) アクティブリスニングを心がける
     - ■言葉で傾聴を表す
     - ■姿勢や態度で傾聴を表す
   - (4) 質問を工夫して話を引き出す
   - コラム「心ここにあらざれば、視れども見えず、
       聴けども聞こえず、
       食らえどもその味を知らず」
3. 実践 ·········· 90
   - (1) プロジェクトの議事録を作成する
     - ■メモを取る
     - ■議事録を作成する
4. 振り返り ·········· 92

第11章 ·········· 93
チームで働く力(3)－柔軟性－
意見の違いや立場の違いを理解する力

1. 導入 ·········· 94
   - (1) ケース「十人十色、考え方もさまざまなんだ」
   - (2) 事前チェックとディスカッション
2. 講義 ·········· 96
   - (1) なぜ柔軟性が求められるのか？
   - (2) 多様性を尊重する
     - ■相手を知ろうと努力する
     - ■違いを受け入れる
   - (3) 対立を恐れず話し合う
     - ■論点をはっきりさせる
     - ■落としどころを話し合う
   - コラム「道を曲げずして、よく人心に従う。
       これ中庸の極みなり」
3. 実践 ·········· 98
   - (1) プロジェクトメンバーを知る
     - ■プロフィールや人となりを知る
     - ■プロジェクトでの立場や役割を知る
   - (2) 意見や立場の違いを乗り越える
4. 振り返り ·········· 100

第12章 ·········· 101
チームで働く力(4)－情況把握力－
自分と周囲の人々や
物事との関係性を理解する力

1. 導入 ·········· 102
   - (1) ケース「もう少し空気読んだら？」
   - (2) 事前チェックとディスカッション
2. 講義 ·········· 104
   - (1) なぜ情況把握力が求められるのか？
   - (2) 自分の役割を考える
     - ■担当内容と責任範囲を理解する
     - ■周囲から期待されていることを考える
   - (3) 相手の心理を予測する
     - ■ポジティブな心理を後押しする
     - ■ネガティブな心理に配慮する
   - (4) TPOをわきまえる
3. 実践 ·········· 106
   - (1) プロジェクトの情況を客観的に見る
   - (2) 自分の期待役割を臨機応変に考える
   - コラム「機を見るに敏」
4. 振り返り ·········· 108

第13章 ········· 109
チームで働く力(5)－規律性－
社会のルールや人との約束を守る力

1. 導入 ········· 110
   - (1) ケース「マナーやルールを守って気持ちよく!」
   - (2) 事前チェックとディスカッション
2. 講義 ········· 112
   - (1) なぜ規律性が求められるのか?
   - (2) 社会や組織のルールを理解する
     - ■ 社会のルールを理解する
     - ■ 組織のルールを理解する
   - コラム「組織のルール」
   - (3) ビジネスマナーを理解する
     - ■ 基本マナーを学習する
     - ■ 実際に練習する
   - (4) ルールやマナーの意味を考えて実践する
   - コラム「ビジネスマナー 敬語の使い方」
   - コラム「ビジネスマナー 席の座り方、お茶の出し方」
   - コラム「独りを慎む」
3. 実践 ········· 118
   - (1) プロジェクトのルールを決める
     - ■ 報連相に関するルール
     - ■ 時間管理に関するルール
     - ■ 情報管理に関するルール
   - (2) プロジェクトのルールを守る
4. 振り返り ········· 120

第14章 ········· 121
チームで働く力(6)
－ストレスコントロール力－
ストレスの発生源に対応する力

1. 導入 ········· 122
   - (1) ケース「働くっていうのはツライときもあるんだ」
   - (2) 事前チェックとディスカッション
2. 講義 ········· 124
   - (1) なぜストレスコントロール力が求められるのか?
   - (2) 自分がストレスを感じやすいときを知る
   - (3) 自分がやる気が出るときを知る
   - (4) 自分でできるストレス対処法
   - (5) 心の不調を感じたら
   - コラム「放勲欽明、文思安安」
3. 実践 ········· 128
   - (1) プロジェクト内でのストレスを予測する
     - ■ 時間や納期に関するプレッシャー
     - ■ 目的・目標達成に関するプレッシャー
     - ■ プロジェクト内の人間関係
   - (2) ストレス解消の工夫をする
4. 振り返り ········· 130

第15章 ········· 131
社会人基礎力強化に向けて
全体の振り返り

1. 講義 ········· 132
   - (1) 社会人基礎力まとめ
     - ■ 前へ踏み出す力
     - ■ 考え抜く力
     - ■ チームで働く力
   - (2) 今後の強化プランの立て方・進め方
2. 計画と実践 ········· 134
   - (1) 強化プランシート
   - (2) 定期チェックシートA
   - (3) 定期チェックシートB
     - ■ チェックシート活用
   - コラム「提一燈 行暗夜
     勿憂暗夜 只頼一燈」

索引 ········· 143

第 **1** 章　人生設計と
　　　　　キャリアデザイン

人生に対する考え方と
働く意味

　社会人基礎力について学ぼうと思うあなたは、社会に
出て何らかの職業に就き、一人前の社会人として責任を
果たしながら、よりよい人生を送りたいと考えていること
でしょう。それを実現する第一歩は、どう生きたいか、な
ぜ働くのか、自分に問いかけることです。人によって「よ
りよい人生」の定義は異なります。自分が目指す生き方、
働き方を考えることから社会人への準備を始めましょう。

講義の流れ

1.導入

　講義の目的を確認し、ケースを読みます。

　事前チェックシートに記入します。

　チェック結果とケースに基づき、意見交換します。

2.講義

（1）人生設計を考える

（2）キャリアデザインを考える

3.振り返り

　振り返りシートに記入します。

　振り返りシートに基づき、意見交換します。

目的 自分はどう生きるのか、なぜ働くのか、考えてみます。
- 人生設計とキャリアデザインについて考える重要性を理解します。
- 人生設計とキャリアデザインの基本的な考え方を理解します。
- 自分はどう生きるのか、なぜ働くのか、現在の考えを明らかにします。

1. 導入

(1)ケース「あなたはなぜ働くの？」

今日はサークルの飲み会、最近内定が決まったばかりの4年生タクヤ、1年生のケンジとレイコが話していたら、某企業の営業部長をしているOBの南先輩がきました。

レイコ ：タクヤさん、内定おめでとうございます。
ケンジ ：スゴイですよね！メジャーな優良企業、いいなあ〜。
タクヤ ：ありがとう！まあ、それもそうなんだけど、希望していた業界、職種で内定もらえたことが一番うれしいよ。将来やりたいことに一歩近づけた感じなんだ。
仕事を通していろいろ経験積んで、目指すキャリアに向かってがんばるよ。
南先輩 ：お！なかなかいい心がけだな。内定おめでとう、タクヤ。
3人　　：あ、南先輩！お疲れサマです！
南先輩 ：ケンジは、メジャーな優良企業に就職したいの？
ケンジ ：はい、もちろん。そのほうが将来安心だもん。
南先輩 ：そうだね。確かに、倒産のリスクは少ないかもしれない。
でも、ケンジが企業から必要とされなくなるリスクはあるよ。
ケンジ ：えっそんなぁ。南先輩、ヒドイですよ〜。
レイコ ：私は…よくわかんない。大きい会社が私に合うとは限らない気がする。
自分がやりたいことができる会社がいいな。
ケンジ ：自分に合う会社って？レイコがやりたいことって何？
レイコ ：だから、それがわかんないって言ってるの。
南先輩 ：レイコ、ケンジ、それはとても大切なことだよ。
人によって生き方に対する考え方は違うし、やりたいこともいろいろだ。どう生きるのか、なぜ働くのか、よく考えてみないと自分に合う職業もわからないだろう。
タクヤ ：そうですよね。ボクも大学に入ったばかりのころは、何にも考えてなかったけど、就活を始めたら、そこを突き詰めて考えないと前へ進めないことに気が付いたんです。
南先輩 ：タクヤはそれに気が付いたから、就活に成功したんだよ。
しっかり考えている学生は、私たち採用する側から見てわかるからね。
ケンジ ：え〜！どうしよう。

多くの学生は、ケンジのように漠然と「優良企業に就職したい」と考えているかもしれません。南先輩がいうように、一般に優良企業と言われる会社は経営状態が健全で成長が見込まれ、倒産のリスクが少ないでしょう。他の企業に比べてお給料も高く、安定した生活がある程度保障されると考える人も多いと思います。もちろん、それも大切なことです。しかし、会社を選ぶ基準は安定性や成長性だけでしょうか？レイコがつぶやいているように、自分に合った会社は、他の選び方があるかもしれません。

南先輩は、「**どう生きるのか、なぜ働くのか**」と話しています。社会人になるまえに、自分の人生について考え、働く意味を考え、自分なりの答えを出してみましょう。その答えは、**自分が成長していくにしたがって変わっていく**こともあります。社会に出たあとも、時々立ち止まって考えることが大切です。

(2)事前チェックとディスカッション

1.あなたは、自分の生き方、働き方について、どの程度具体的に考えていますか？
　Yes/No で事前チェックしましょう。

【人生設計チェックシート】

自分が生きる目的は何か、考えたことがある	Yes　No
自分が生きるうえで大切にしていることは何か、考えたことがある	Yes　No
自分が生きる目的を果たすために、今何をすべきか、考えたことがある	Yes　No
自分の人生の主要イベント*の時期を予測してみたことがある	Yes　No
自分の人生の主要イベント*予測に基づき、生涯収支を考えたことがある	Yes　No

* 人生の主要イベントとは、入学・卒業、就職・転職・起業、国内外への移住、結婚、子供の誕生、子供の入学・卒業、子供の結婚、定年または引退、その他高額な出費を伴うことなどを指します。

【キャリアデザインチェックシート】

自分はなぜ働くのか、考えたことがある	Yes　No
自分が目指すキャリアはどういうものか、考えたことがある	Yes　No
自分が目指すキャリアを実現するまでのステップを考えたことがある	Yes　No
自分が目指すキャリアに向かって、今何をすべきか、考えたことがある	Yes　No
就きたい職業が具体的に決まっている	Yes　No

2.前述のケースを読んで、あなたはどう思いましたか？書き出しましょう。

3.上記の 2. で書き出したことをグループ内で共有し、「**どう生きるか、なぜ働くか**」を考える重要性ついて、ディスカッションしましょう。
　他の人の意見を聞いて、気づいたこと、感じたことがあれば整理しましょう。

第1章　人生設計とキャリアデザイン　3

2. 講義

> **◆人生設計とキャリアデザインとは◆**
> 「自分はどう生きるのか、なぜ働くのか、考えること」
> - ● 人生設計　　　　　生きる目的、幸せ、そこに向かうプロセス
> - ● キャリアデザイン　働く目的、目指すキャリア、そこに向かうプロセス

(1) 人生設計を考える

　人生設計というと、何か大変なこと、ハードルが高いイメージを持つ人もいるかもしれませんが、シンプルに言えば「**自分にとって幸せになるには、どう生きたらよいのか**」じっくり考えることです。

■ 多様化する現代人の価値観

「自分にとって幸せになるには」と表現したのは、人によって幸せの定義が違うからです。現代は人々の価値観が多様化し、それが当たり前になってきたので、**自分の価値観に従って生きるという選択がしやすい**環境になっています。例えば、一昔前なら「大人になったら結婚して子供を作る」「男性は家族を守って外で働く」「女性は家を守る」が一般的な考え方だったかもしれませんが、結婚しない男女、子供を作らない夫婦、家族を養う女性、家を守る男性、さまざまなケースが増加しています。選択肢が増えた分、自分はどう生きたいのか、しっかり考えることの重要性が高まっているのです。

■ 生きる目的と大切にすること

　幸せの定義は、「**生きる目的**」そのものです。自分自身がこういう状態になるのが幸せだ、というだけでなく、自分が他者（家族・周囲の人・社会など）にこういう価値をもたらすことが幸せだ、他者がこうなることが自分の幸せだ、など他者との関係において感じる幸せもあります。

　また、そこに向かってどう生きるか、生き方を決める判断基準となるのが「**大切にすること**」です。この2つを明らかにできれば、どう生きるか、考えやすくなります。非常に根源的なテーマですから、簡単には明らかになりません。日常生活の忙しさのなかで深く考えずにいる人が多いのも事実です。ですから、自分の人生について定期的に考える時間をとる、という習慣を持つだけでも大いに意味があります。例えば、お正月・誕生日（1回/年）、期初（1回/半年）など具体的に決めます。多くの場合、**自分の成長によって「生きる目的」「大切にすること」は変化する**ので、考え続けることが重要です。

■ 主要イベント予測と生涯収支シミュレーション

具体的な人生設計を考える方法のひとつに、生涯収支シミュレーションがあります。人生100年時代と言われる現代、少なくとも平均年齢まで生きると仮定したとき、人生80余年、主要イベントの時期を想定し、生涯収入と生涯支出を予測します。これは、自分が思い描く幸せな人生のためには**どの程度の金額が必要なのか**、そこから逆算して、**どういう働き方が必要なのか**、考えるヒントになります。本書では具体的な数値のシミュレーションを行いませんが、例えば銀行や保険会社などのHPには、年齢や家族構成（将来の計画も含めて）、収入、家の購入有無など一定の条件を入力すると無料で生涯収支をシミュレーションしてくれるサービスを行っているところがあります。

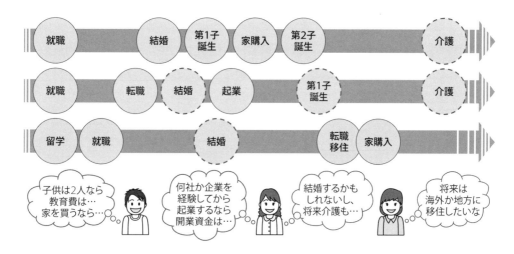

（2）キャリアデザインを考える

キャリアデザインとは、人生設計のなかで、仕事に関わる部分にフォーカスしたものです。どういう仕事に就き、どういう経験を積み、技能を習得し、実績を獲得し、自分の目指す姿に近づいていくのか、そのプロセスを考えるのがキャリアデザインです。

■ なぜ働くのか

キャリアデザインの前に、**そもそもなぜ働くのか**、考えていますか？働く意味について説明するとき、よく引き合いに出されるのが「**マズローの欲求5段階説**」です。米国の心理学者アブラハム・H・マズローは、人間の欲求は下図のように下から上へ5段階あり、ある欲求が満たされると一段上の欲求を持つようになると唱えました。これを、働く意味に置き換えると、生きるための報酬を得る、という段階に始まり、最終的には自己実現になると考えられます。人生の目的や大切にすることが自分の成長によって変わるように、**働く意味**も自分が置かれている状況によって変わります。

■ **目指すキャリアを具体的に考える**

　皆さんは、子供のころから「**将来何（職業）になりたいか**」と何度も聞かれたでしょう。もちろん、職業の選択は人生設計やキャリアデザインにおいて重要であり、職業に憧れを持って目指すのは素敵なことです。ただ、職業は目指すキャリアというには不十分です。例えば「医者になる」ではなく、どういう医者になりたいのか、医者になって何をしたいのか、それが目指すキャリアです。「不治の病に苦しむ人を一人でも多く助けたい、そのために新しい治療法を発見したい」と研究の道を選ぶ人もいれば、「患者の心に寄り添うような医療を目指したい、そのために自身の理念に基づいた医療を提供する病院を作りたい」と臨床医として病院経営を目指す人もいるでしょう。**職業はキャリアデザインの一部**であり、目指すキャリアへの手段のひとつとも言えます。なりたい職業だけでなく、**その職業を通して、どういう自分になりたいのか**、具体的に考えます。

3. 振り返り

1.自分にとって幸せとは何か、生きる目的は何か、今の考えを書きましょう。

2.自分が生きるうえで大切にしていることは何か、今の考えを書きましょう。

3.自分はなぜ働くのか、今の考えを書きましょう。

4. 自分が目指すキャリアについて、できるだけ具体的に書きましょう。
　　希望する職業、業界、企業が決まっている人は明記して、なぜ希望するのか、そこで何をしたいのか、説明しましょう。

5. 自分が目指すキャリアに向かって、現在行っていることがあれば書きましょう。

6. 自分が目指すキャリアに向かって、これから行うことがあれば書きましょう。

第**2**章 社会人になる
ということ

社会人の心構えと
求められる能力

　社会に出て、一人前の社会人として責任を果たすには、どういう能力が求められるでしょうか？職業によって必要な専門知識やスキルは異なり、それらを身に付けるのは簡単ではありません。仕事を通してさまざまな経験を積んでこそ身に付くものも多いでしょう。一方、職業に関わらず、共通して求められる能力もあります。職場や地域社会で多様な人と関わりながら、仕事をするときに必要な社会人としての心構えや、社会人基礎力について学びます。

講義の流れ

1.導入

　講義の目的を確認し、ケースを読みます。

　事前チェックシートに記入します。

　チェック結果とケースに基づき、意見交換します。

2.講義

　（1）社会人としての心構え

　（2）社会人基礎力とは

3.実践

　（1）プロジェクトとは

　（2）プロジェクトと社会人基礎力

4.振り返り

　振り返りシートに記入します。

　振り返りシートに基づき、意見交換します。

| 目的 | 社会人の心構えと、求められる能力を学びます。 |

- 社会人としての心構えを理解します。
- 社会人に求められる能力の全体像を理解します。
- 社会人基礎力の3つの能力と12の要素を理解します。
- 社会人基礎力の実践・強化の場としてプロジェクト活動を理解します。

1. 導入

(1) ケース「求められる人材ってどういう人？」

　スーツ姿の4年生が行き来するキャンパス内。1年生のケンジとレイコが、それを眺めながらカフェで話しています。

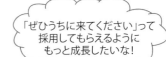

ケンジ ：就活大変そうだね。
レイコ ：私たちもスーツ着て会社訪問しまくるのかな？
ケンジ ：今から考える必要ないよ。まだ1年なんだから。
レイコ ：でも、今の私のままだったら、内定くれる会社あるのかなぁ…。
ケンジ ：コワイこというなよ。
レイコ ：だって、ケンジなんかバイトもクビになりそうじゃない。
ケンジ ：それは…！ちょっと遅刻が続いちゃったから…。
レイコ ：バイトだって、ある意味、社会人よね。
　　　　　バイト代もらうなら、それに見合った働きをしなくちゃ。
ケンジ ：店長にも同じこと言われたよ。
　　　　　それに、時間厳守は最低限のビジネスマナーだぞって。反省してます…。
レイコ ：ほらね。でも、許してもらえてよかったね。
ケンジ ：うん。店長が「時間にルーズなところを直せば見どころがある」って言ってくれたんだ。
　　　　　やる気はあるし、バイト仲間を盛り上げて協力し合う雰囲気作りがうまいなって。
レイコ ：ふーん。まあ、アツイよね。
ケンジ ：その一言で済ませるってひどくない？
レイコ ：でも確かに、仕事って人と協力してやるほうが多いよね。
　　　　　バイトでも、一緒に働きたいなって思う人と、ムリって思う人がいる。
　　　　　マナー、仕事の知識、やる気やリーダーシップ、いろんな理由があるかな。
ケンジ ：そう。とにかく、店長やみんなから「一緒に働きたいな」って思われなくなったら、
　　　　　続けられないよな。
レイコ ：じゃあ、まずは遅刻ぐせ直しなさいよ！

学生でもアルバイト経験がある人は、働く厳しさや難しさを感じたことがあるでしょう。給料に見合う働きをしない従業員がいたら、雇う側にとっては損失です。給料をもらうということは、**自分の役割を果たし、組織に貢献する**ことが求められます。組織に所属するメンバーの多様性も、学生時代の環境と違う点です。学内でも気が合う人、合わない人、多様な背景（文化、国籍、育った環境）を持つ人々がいますが、社会に出るとその比ではありません。専門分野の違い、世代の違いもあります。友達なら付き合わなければ済みますが、仕事の場合はそうはいきません。**多様な人々とコミュニケーション**をして、協力して進める必要があります。

　社会において、求められる人材とはどういう人でしょうか？ケンジが店長に言われたように、最低限の**ビジネスマナーを守る**こともそのひとつでしょう。**やる気がある、チームを盛り上げる力がある**、というのも重要な能力です。レイコが言うように、仕事に関する**知識が豊富**な人も頼りになります。このように、社会人に求められる能力は多岐に渡ります。ここでよく考えてみましょう。

(2)事前チェックとディスカッション

1.あなたの社会人としての心構えについて、Yes/No で事前チェックしましょう。

【社会人としての心構えチェックシート】

自分の身の回りのことは自分でできる	Yes　No
政治、経済、社会、技術など、世の中の動きに興味を持って情報を取っている	Yes　No
基本的なマナーを守って生活している（人に迷惑をかけない）	Yes　No
同年代だけでなく、目上の人ともマナーに則った付き合いができる	Yes　No
ビジネスマナーの基礎知識がある	Yes　No
働くとは、楽しいことばかりではないことを理解している	Yes　No
働くとは、多様な人々と協力することが必要だと理解している	Yes　No
働くとは、自分の役割に対して責任があることを理解している	Yes　No
働くとは、対価（給料など）に見合った貢献が必要だと理解している	Yes　No
働くとは、自分の成長にもつながると理解している	Yes　No

2.前述のケースを読んで、あなたはどう思いましたか？書き出しましょう。

3.上記の2.で書き出したことをグループ内で共有し、「**社会人として求められる人材**」について、ディスカッションしましょう。
　他の人の意見を聞いて、気づいたこと、感じたことがあれば整理しましょう。

2. 講義

> ◆社会人になるということは◆
> 「社会人としての心構えを持ち、社会人に求められる能力を理解し、強化に努める」
> - 心構え　　　多様な人々と協力する
> 　　　　　　　役割を果たして貢献する
> 　　　　　　　仕事を通して成長する
> - 求められる能力　社会人としての基盤能力（OS）
> 　　　　　　　　　業界などの特性に応じた能力（アプリ）

(1) 社会人としての心構え

社会人としての心構えとは、仕事をするときに持ってほしい基本的な考え方です。

■ 多様な人々と協力する

学生の場合、ゼミやサークルで付き合う人々は、同年代で、同じ専門分野への興味、同じ趣味やスポーツへの興味など、わかり合えるポイントが多い人々とのコミュニケーションが中心です。社会に出ると、多様な人々と接し、「**そういう考え方、感じ方をするのか**」と驚くこともあります。**多様な考え方の人が集まる**からこそ、**新しいアイデアも生まれる**のです。異なる意見にも耳を傾け、多様な人々と協力する心構えを持ちましょう。

■ 役割を果たして貢献する

組織の一員という狭い意味では、仕事をして何らかの対価（給料など）を得るからには、**自分の役割を果たす責任**があります。**対価に見合った働きをして成果を上げて貢献する**ことが求められます。また、社会の一員という広い意味では、対価の有無に関わらず、私たち一人ひとりに**社会に対する責任**があります。現在および将来の社会をよりよいものにするために私たちは何ができるのか、というのも大切な視点です。

■ 仕事を通して成長する

　第1章で学んだように、何らかの職業に就いて働くのは、生活のためだけではありません。かけがえのない人間関係を得て、多くのことを学び、**自分自身の成長**、**自己実現**にもつながります。また、そういう働き方ができれば、やりがいを感じて取り組めるでしょう。**仕事を通して成長する**という心構えを持ちましょう。

(2) 社会人基礎力とは

　社会人に求められる能力とは、人間性や基本的な生活習慣、基礎学力のほか、キャリア意識を持つこと、社会人基礎力、仕事に必要な専門スキル・社内スキルなどがあります。

■ 人生100年時代に社会人に求められる能力

　人間性や基本的な生活習慣、**基礎学力**は、子供のころから家庭や学校で育まれるものです。一方、**専門スキル・社内スキル**などは、その仕事に必要な知識や能力などを指します。しかし、それだけでは不足です。基礎学力や専門スキル・社内スキルなどを活かし、人々と関わりながら仕事をするときに重要なのが、**社会人基礎力**です。

社会人に求められる能力

基礎学力	社会人基礎力	専門スキル 社内スキルなど
(読み、書き、算数、基本ITスキルなど)	(前に踏み出す力、考え抜く力、チームで働く力)	(仕事に必要な知識・スキルなど)

人間性・基本的な生活習慣
(思いやり、公共心、倫理観、基礎的なマナー、身の周りのことを自分でしっかりとやる　など)

　さらに、人生100年時代を生き抜くには、自分のキャリアに対する意識をしっかり持つ重要性が増しています。経済産業省「人生100年時代の社会人基礎力」では、**キャリア意識**と**社会人基礎力**を社会人としての基盤能力、コンピューターで言えば「**OS（Operating System）**」と位置づけ、**専門スキル・社内スキル**といった業界などの特性に応じた能力を「**アプリ（Application）**」に例えています。世の中の変化に柔軟に対応しながら、自分の**OSとアプリをアップデートし続ける**ことが求められるのです。

「人生100年時代」に求められる能力－OSとアプリとは

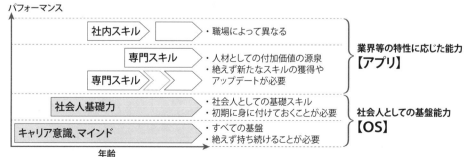

出典：経済産業省　社会人基礎力HP

第2章　社会人になるということ　13

■ 社会人基礎力

「**社会人基礎力**」とは、「**前に踏み出す力**」「**考え抜く力**」「**チームで働く力**」の3つの能力と12の能力要素から成り、「**職場や地域社会で多様な人々と仕事をしていくために必要な基礎的な力**」として、経済産業省が2006年から提唱しています。人生100年時代、第四次産業革命と言われる現在のビジネス環境において、その重要性はますます増しています。2018年には「**人生100年時代の社会人基礎力**」として新たに「**何を学ぶか**」「**どのように学ぶか**」「**どう活躍するか**」という3つの視点を加えて、政府・企業・教育機関などが連携して強化に取り組んでいます。

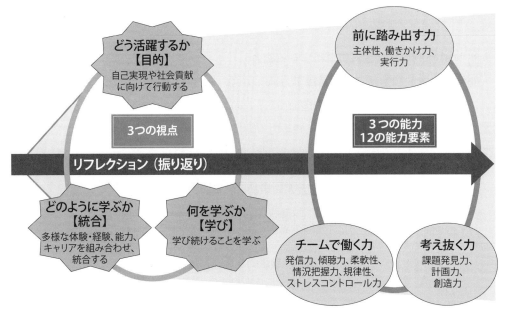

出典：経済産業省　社会人基礎力HP「人生100年時代の社会人基礎力とは」

12の能力要素は次のように定義されていますが、これらは個別に強化するものではなく、複数の力が密接に関係しており、明確に区分できず重なり合う部分もあります。本書でも第3章以降、以下に沿って解説しますが、社会人基礎力全体を理解するための便宜上の分類程度に考えてください。

3つの能力	12の能力要素	概要
前に踏み出す力（アクション）	主体性	物事に進んで取り組む力
	働きかけ力	他人に働きかけ巻き込む力
	実行力	目的を設定し確実に行動する力
考え抜く力（シンキング）	課題発見力	現状を分析し目的や課題を明らかにする力
	計画力	課題の解決に向けたプロセスを明らかにし準備する力
	創造力	新しい価値を生み出す力
チームで働く力（チームワーク）	発信力	自分の意見をわかりやすく伝える力
	傾聴力	相手の意見を丁寧に聴く力
	柔軟性	意見の違いや立場の違いを理解する力
	情況把握力	自分と周囲の人々や物事との関係性を理解する力
	規律性	社会のルールや人との約束を守る力
	ストレスコントロール力	ストレスの発生源に対応する力

3. 実践

◆社会人基礎力を強化するには◆
「プロジェクト活動を通して、3つの能力/12の能力要素を身に付けよう」

(1) プロジェクトとは

プロジェクトとは、**ある目的達成のために期間を決めて行う活動**です。学校でも、企業でも、本来の組織（クラスや部門など）に関わらず必要なメンバーを集めることが多く、多様な人々が分担したり協力しながら一定期間活動して目的達成を目指します。

(2) プロジェクトと社会人基礎力

プロジェクトは、3か月、6か月など期間を決めてひとつのテーマに取り組むので、**開始から終了まで一連の流れを体系的に経験できる**点が、社会人基礎力の実践と強化に向いています。

プロジェクトの流れと、必要な社会人基礎力や行動例は次のとおりです。もちろん、プロジェクト全体を通してすべての能力要素が必要ですが、どこに重点があるか、矢印の太さで表現しています。本書では、第3章以降の各章「実践」の節で、プロジェクト活動を通した12の能力要素の強化について、実践のヒントを解説します。

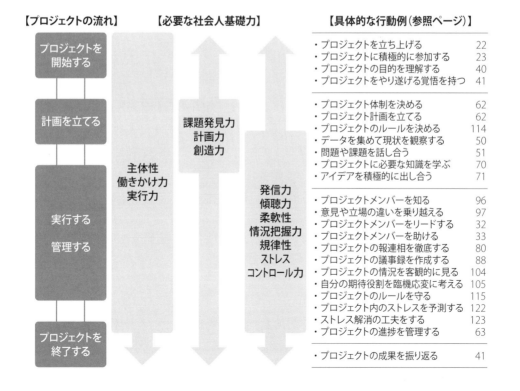

4. 振り返り

1.「**多様な人々と協力する**」という心構えについて、現在の自分はどうか、振り返りましょう。これまで経験した具体的なエピソードがあれば、挙げてください。

2.「**役割を果たして貢献する**」という心構えについて、現在の自分はどうか、振り返りましょう。これまで経験した具体的なエピソードがあれば、挙げてください。

3.「**仕事を通して成長する**」という心構えについて、現在の自分はどうか、振り返りましょう。これまで経験した具体的なエピソードがあれば、挙げてください。

第3章 前に踏み出す力(1) －主体性－

物事に進んで取り組む力

　主体性とは、物事に進んで取り組む力です。自分で考え行動し、責任を持つということです。仕事に限らずあらゆる場面で、モチベーション高く自分から積極的に取り組んだときこそ、大きな力が発揮されます。ときには、実力以上の力が出ることもあるでしょう。主体性は、社会人基礎力のなかで最も重要といってもよいほど、他の力の発揮度合いに影響を与えます。人から言われて受け身で取り組むより、先へ先へと自ら考え行動する人になりましょう。

講義の流れ

1.導入

　講義の目的を確認し、ケースを読みます。

　事前チェックシートに記入します。

　チェック結果とケースに基づき、意見交換します。

2.講義

　(1) なぜ主体性が求められるのか?

　(2) 自ら考え行動する

　(3) 自分の行動に責任を持つ

3.実践

　(1) プロジェクトを立ち上げる

　(2) プロジェクトに積極的に参加する

4.振り返り

　振り返りシートに記入します。

　振り返りシートに基づき、意見交換します。

| 目的 | 主体性について理解し、その強化方法を学びます。 |

- 主体性とはどういう能力なのか、理解します。
- なぜ主体性が求められるのか、理解します。
- 主体性を強化するには、どう考えどう行動したらよいか、理解します。

1. 導入

(1) ケース「全然やる気が感じられない！」

営業部の南部長が、入社2年目の若手営業、佐々木さんを呼んでいます。

南部長：佐々木さん、ちょっといいかな。

佐々木：はあ、何でしょうか？

南部長：先日のABC工業様の件、報告がないけど、どうなっているの？

佐々木：申し訳ありません。その後、特に進展がなかったものですから。

南部長：進展がないとは、どういうこと？

佐々木：先日、セキュリティシステムへのお問合せがあって訪問したんですが…。

南部長：そこまでは先週も聞いたよ。で？

佐々木：はあ、それだけです。

南部長：それだけ？　訪問したときの様子はどうだったの？

佐々木：そうですね。まあ、話は真剣に聞いてくださいました。

南部長：訪問後は、連絡していないの？

佐々木：はあ、その後、お客様から特に連絡がなかったものですから。

南部長：佐々木さん、次にできることがたくさんあるんじゃないかな？

佐々木：はあ、そうですね…。どうしましょうか？

営業部の南部長が、佐々木さんの先輩である石田さんと話しています。

南部長：ABC工業様の件、佐々木さんの相談に乗ってやってくれないか。

石田　：私がですか？　佐々木から少しは聞いていますが。

南部長：以前担当していたから、お客様の事情にも詳しいだろう？

石田　：承知しました！　でもどうアプローチしましょうか？

南部長：石田さんはどう思うの？

石田　：まず部長のお考えを聞かないと。
　　　　指示いただいたとおり、やりますから！

ここでは、タイプの違う2人の営業、佐々木さんと石田さんが登場しています。佐々木さんは入社2年目で営業経験が浅く大人しそうな雰囲気、石田さんはハキハキして元気がありそうです。佐々木さんは、せっかくお客様のほうから話が聞きたいと声がかかり面談のチャンスをもらったのに、その後の活動につなげられなかったようです。南部長から「次にできることがたくさんあるんじゃないかな?」と言われても、反応が薄い様子。仕事を始めたばかりのころは、何をどうしたらよいか迷うことも多く、先へ先へと自分で進めていくのは難しいかもしれません。しかし、**知識や経験が足りない分は勉強したり先輩に教わったりしながら**、南部長が言うように「**できることがたくさんある**」はずです。一方、石田さんはどうでしょうか?応対はハキハキしていますが、話の内容にも注目しましょう。

(2)事前チェックとディスカッション

1.あなたの主体性について、Yes/No で事前チェックしましょう(チェック結果については P142 の「チェックシート活用」を参照)。

【主体性チェックシート:A】

勉強・趣味・仕事など、自分で目標を設定して取り組むほうだ	Yes	No
目標に向かって、何をしたらよいか、まず自分で考える	Yes	No
自分でやると決めたことは、自分から率先して実行に移す	Yes	No
知識や経験が不足していて役割を果たす自信が持てないときは、先輩・先生・上司など詳しい人に教えてもらうなど、自分から率先して学ぶ	Yes	No
たとえ人の指示でも、自分も納得して実行したのだから自分の責任だ	Yes	No

【主体性チェックシート:B】

勉強・趣味・仕事など、目標は人から与えられて取り組むほうが多い	Yes	No
目標に向かって、何をしたらよいか、指示してほしいほうだ	Yes	No
人の指示にしたがって、言われたとおりに実行することが多い	Yes	No
知識や経験が不足していて自信が持てないときは、先に進めなくなる	Yes	No
人の指示で行ったことは、自分の考えではないので自分の責任ではない	Yes	No

2.前述のケースを読んで、あなたはどう思いましたか?書き出しましょう。
   ● 佐々木さん、石田さんの言動について、どう思いましたか?
   ● あなたが南部長だったら、佐々木さん、石田さんに何と言いますか?

3.上記の2.で書き出したことをグループ内で意見交換し、佐々木さん、石田さんはどうしたらよかったと思うか、グループの考えをまとめましょう。

2. 講義

◆**主体性とは**◆
「物事に進んで取り組む力」
- 自ら考え行動する
- 自分の行動に責任を持つ

キーワード
- ✓ 私はこれを目指します。
- ✓ 私が率先してやります。
- ✓ 私の責任です。
- ✓ 最後までやり抜きます。

(1) なぜ主体性が求められるのか？

　主体性とは、**物事に進んで取り組む力**です。主体性がある人は、**自ら考え行動し、その行動に責任**を持ちます。一方、主体性がない人は、受け身で、自分で工夫することなく、人から言われたことだけを行います。与えられたことをコツコツやり遂げるのはよいことですが、そこに**自分なりの工夫、先へ先へと考えて取り組む姿勢**がなければ、消極的でやる気がなく責任感が足りないと思われるでしょう。そういう人と働きたいとは誰も思いませんし、自分自身もモチベーションが上がりません。仕事のやりがいや楽しさを感じたいなら、自分から進んで取り組んでみましょう。

(2) 自ら考え行動する

「自ら考え行動する」とは、仕事の目的を理解し、自分で目標を設定し、目標を達成するために何をしたらよいか自分で考え、**自分から率先して行動に移す**ことです。

■ 自分で目標を設定する

　勉強、趣味、仕事など、何をするとしても、人から目標を与えられて受け身で取り組むのではなく、**何のために、何をどこまでやるのか**、自分で考えます。仕事の場合は、組織目標が示され、それが個人レベルまでブレイクダウンされて、個人目標が明示される場合もあります。しかし、組織から与えられた目標を達成するために、自分は何を

どこまでやるのかは、一人ひとりが自分の役割を考えながら決めるものです。**主体性は、自分で目標を立てて確実に達成する**、を何度も繰り返すことで強化されます。

■ **目標に向かって何をしたらよいか考える**

　組織目標を達成するために設定した自分の目標に向かって、**具体的に何をしたらよいか、手段を工夫するのも自分**です。前述のケースの佐々木さんは、ABC工業様へのアプローチを怠っています。営業という役割を負っているからには「提案の糸口を掴むために、もう一度面談してお客様の話を伺おう」「他社事例を紹介して反応をみよう」など、成約に向けてどうアプローチするかは自分で考えることです。**自分で考えて工夫する**からこそ、仕事の面白さもわかります。「どうしたらよいですか？」と**ノープランで人に頼るのは問題外**です。その点では、石田さんも同じです。

■ **自分から率先して行動に移す**

　自分で目標を設定し、目標に向かって何をしたらよいか考えたら、率先して実行に移します。言いっぱなしで実行が伴わなければ、ただの評論家です。不言実行という言葉もありますが、ビジネスの世界においては有言実行、**自らやると宣言したことを、確実にやりきる**人が求められます。

(3) 自分の行動に責任を持つ

　自分で考えて行動するからには、その行動の結果に責任を持ちます。**自責で考える、最後までやり抜く**、という心構えで取り組みます。

■ **自責で考える**

　うまくいかないときに、すぐ人のせいにするのは、責任感がない行動です。もちろん、自分以外に原因がある場合もありますが、それをあれこれ言う前に、**自分自身を振り返って解決の糸口を探す**のが責任感ある行動です。

■ **最後までやり抜く**

　自分でやると決めたことは、途中で投げ出さず、最後までやり抜きます。これは、主体性とともに、第5章で解説する実行力が重要です。多少の困難に負けることなく、**自分から進んで行動し、最後までやり抜き、役割を果たす**ことで信頼を得るのです。

3. 実践

> ◆プロジェクトを通して主体性を強化するには◆
> 「プロジェクトの一員になって、積極的に活動を始めよう」
> ● プロジェクトを立ち上げる　　　　－自分が中心になって立ち上げる経験をする
> ● プロジェクトに積極的に参加する　－メンバーとして参加する経験をする

(1) プロジェクトを立ち上げる

主体性は、プロジェクト全体を通して重要な能力ですが、第一歩はプロジェクトの一員となって積極的に活動を始めることです。テーマを決めてプロジェクトを開始することを「**プロジェクトを立ち上げる**」といいます。立ち上げには、さまざまなケースがあります。

- テーマが与えられて、リーダーやメンバーも決まっている
- テーマが与えられて、リーダーやメンバーを募集する
- 自らテーマを提案し、リーダーになってメンバーを集める

テーマもメンバーもすべて決まっていて「このプロジェクトを、こういう体制で行ってください」と指示される場合もありますが、リーダーやメンバーを募集したり、テーマ自体を募集する場合もあります。主体性を大いに強化したいと思うなら、与えられたテーマでも思い切ってリーダーを買って出たり、自らテーマを提案してプロジェクトを立ち上げる経験をするとよいでしょう。

大学では、前期・後期いずれかの半年間、または通年で**テーマを決めてチームで取り組むプロジェクト型の授業**を取り入れているところがあります。企業においても、**社員の自発的な変革活動**を大いに推奨してテーマを募集し、会社が認めた活動には予算をつけるなど支援するしくみを持っているところもあります。取り組みたいテーマがあれば、自分が中心になってプロジェクトを立ち上げてみましょう。

プロジェクト全体の管理を行うリーダーを「**プロジェクトマネージャー**」と呼びます。何十人、何百人ものメンバーが関わる大きなプロジェクトであれば、プロジェクトマネジメントの知識や経験を持った人が務めます。しかし、プロジェクト全体ではなく一部を担う役割ならチャレンジできる可能性があります。大きなプロジェクトは「**タスク**」と言われる複数の業務に分解され、タスクごとに「**タスクリーダー**」を置く場合があります。

大学の授業で行うテーマ研究や、部門内の自主的な変革活動のような小さいプロジェクトのリーダーは、管理を主に担うプロジェクトマネージャーというより、**メンバーの一員として自分も活動しながらリーダーシップを発揮する**役割です。経験不足でも、教授や上司などの指導を受けたり、メンバーの助けを借りながら進めるとよいでしょう。

（2）プロジェクトに積極的に参加する

リーダーはハードルが高いなら、メンバーとして積極的に参加することでも主体性が強化できます。大学や企業内にとどまらず、多様なメンバーが活動するボランティアやNPO活動など、「やってみたい」と思うプロジェクトに参加してみましょう。例えば、次のような関わり方が考えられます。

- テーマが与えられて、メンバーとして参加するように指示された場合
  - → 指示待ちではなく自分から率先して動く姿勢で取り組む
- テーマが与えられて、メンバーを募集している場合
  - → 自分が興味を持ったプロジェクトに自主的に参加する
- 自らテーマを提案してプロジェクトを立ち上げようとしている人に賛同した場合
  - → 中心的メンバーとしてリーダーを支えて立ち上げに協力する

天は自ら助くる者を助く （自助論　Self-Help,　Samuel Smiles）

Heaven（God）helps those who help themselves.

人に頼らず、自ら行動し努力している人には、必ず天の助け、周囲の助けがあります。苦しいときの神頼み、努力を怠って助けを待っていても何も変わりません。これは、イギリスの作家サミュエル・スマイルズが著書「Self-Help」の序論に書いた有名な一節です。何事も主体的に率先して取り組むことで、道は開けるということです。同じことを別の視点から説いた言葉に「人事を尽くして天命を待つ」があります。自分が最善を尽くしたのであれば、結果は天に任せる、つまり、結果は自然とついてくるものだという意味です。

自分は、天が助けてくれるほど最善を尽くしているかーそう自分に問いかけてみましょう。もうひとがんばりする気持ちが湧いてきませんか？

4. 振り返り

1.「**自ら考え行動する**」ことについて、現在の自分を振り返りましょう。

これまで経験した具体的なエピソードがあれば、挙げてください。

2.「**自分の行動に責任を持つ**」ことについて、現在の自分を振り返りましょう。

これまで経験した具体的なエピソードがあれば、挙げてください。

3. あなたが**主体性**を発揮できないとしたら、それはどういうときですか?

何が主体性の発揮を妨げるのか、考えましょう。

4. 自分の**主体性**を強化するためには、何をしたらよいと思いますか?

日々の活動のなかで、今日から実行することを考えましょう。

第**4**章 前に踏み出す力(2)
－働きかけ力－
他人に働きかけ巻き込む力

　働きかけ力とは、他人に働きかけ巻き込む力です。仕事を進めるとき、ひとりでできることは限られていても、複数の人が協力して知恵を結集することで、大きな力になります。組織とは、まさにそのためにあります。注意したいのは、人はロボットではなく心がある点です。自動的に同じ方向を向いて力を合わせることはできません。協力してほしかったら、相手の気持ちや立場を尊重しながら、積極的に働きかけて巻き込んでいくことが必要です。

講義の流れ

1.導入

　講義の目的を確認し、ケースを読みます。

　事前チェックシートに記入します。

　チェック結果とケースに基づき、意見交換します。

2.講義

　（1）なぜ働きかけ力が求められるのか？

　（2）目的を共有する

　（3）相手を尊重する

　（4）アサーティブに行動し、よい影響を与える

　（5）自分を客観視する

3.実践

　（1）プロジェクトメンバーをリードする

　（2）プロジェクトメンバーを助ける

4.振り返り

　振り返りシートに記入します。

　振り返りシートに基づき、意見交換します。

| 目的 | 働きかけ力について理解し、その強化方法を学びます。 |

● 働きかけ力とはどういう能力なのか、理解します。
● なぜ働きかけ力が求められるのか、理解します。
● 働きかけ力を強化するには、どう考えどう行動したらよいか、理解します。

1. 導入

(1) ケース「誰も協力してくれない?!」

　大学2年生のナオキは、サークルの夏合宿企画リーダーになりました。ところが、どうやらうまくいっていない様子。4年生のタクヤに相談しています。

ナオキ：あーもう！みんな勝手なことばかり言うんですよ、タクヤさん。
タクヤ：なんだか大変そうだな。どうしたの？
ナオキ：今年の夏合宿企画リーダー、ボクなんです。
タクヤ：そうか、楽しみだな！今年はどこ行くの？
ナオキ：それが全然決まらなくって。
　　　　4年生は、この間のミーティング出てないから
　　　　知らないと思いますけど、ひどかったんですよ。

タクヤ：まあ、それをまとめるのがリーダーの腕の見せどころだろ？
ナオキ：そうなんですけど、行きたい場所も、やりたいこともバラバラだし。
タクヤ：ふーん。今年のテーマは話し合った？去年はテーマを先に決めたよ。
ナオキ：テーマですか…。それは考えませんでした。
タクヤ：ミーティングではどういう意見が出たの？
ナオキ：泳ぎたいから海、キャンプしたいから山、
　　　　暑いから北海道…意見がまとまらないので、
　　　　次回までにボクが案を用意することになりました。

タクヤ：それもいいけど、ひとりで抱え込むのはどうかな？
ナオキ：そうなんですけど、誰も協力してくれないんです。
タクヤ：協力してもらうように話してみた？
ナオキ：それが…3年生には頼みにくいし、2年のやつらは思いつきであれこれ言うばかりで
　　　　…。1年生はまだ入ったばかりでわかっていないし。
タクヤ：なんだ、遠慮しないで、ナオキから働きかけて手伝ってもらえば？
　　　　何といっても、楽しいイベントなんだから、準備も楽しくやろうよ。

仕事に限らず、**複数の人が協力して何かを進める**のは大変です。いろいろな考え方、感じ方の人がいて、それぞれが違った主張をしていたら、いつまでもまとまりません。ナオキは、夏合宿企画リーダーに任命されて困っていますね。2年生なので、先輩である3年生には頼みにくい、1年生は入学したばかりで頼りにならない、同学年の仲間も言いたいことだけ言って協力的ではない、話し合いはまとまらず一人で案を作ることになってしまいました。もちろん、会議を効率的に進めるために「**たたき台**」（皆で検討するときのベースにする案）を用意するのはひとつの方法ですが、このケースではナオキが一人で抱えてしまっているように見えます。**協力して進める**方法がないでしょうか？

（2）事前チェックとディスカッション

1.あなたの働きかけ力について、Yes/No で事前チェックしましょう（チェック結果については P142 の「チェックシート活用」を参照）。

【働きかけ力チェックシート：A】

人に協力を依頼するときは、まず目的をしっかり説明する	Yes　No
仕事でも、人には心があるので、相手の気持ちを考えることが大切だ	Yes　No
人と協力して何かをするとき、相手の立場を尊重している	Yes　No
人に働きかけるとき、相手を尊重しながら、言うべきことは言える	Yes　No
協力してもらえないのは、自分の働きかけが不足しているからだ	Yes　No

【働きかけ力チェックシート：B】

人に協力を依頼するときは、実施内容や手順を中心に説明する	Yes　No
仕事に感情を交えるべきではないので、相手の気持ちを考える必要はない	Yes　No
人と協力して何かをするとき、相手の立場は考慮しない	Yes　No
人に働きかけるとき、相手に遠慮して、言いにくいことは言えない	Yes　No
協力してもらえないのは、相手の主体性が不足しているからだ	Yes　No

2.前述のケースを読んで、あなたはどう思いましたか？書き出しましょう。

- ● ナオキの言動について、どう思いましたか？
- ● あなたがナオキだったら、どうしますか？

3.上記の 2. で書き出したことをグループ内で意見交換し、ナオキはどうしたらよかったと思うか、グループの考えをまとめましょう。

2. 講義

◆働きかけ力とは◆

「他人に働きかけ巻き込む力」

- 目的を共有する
- 相手を尊重する
- アサーティブに行動し、
  よい影響を与える
- 自分を客観視する

キーワード

- ✓ 大きな声で挨拶
  おはようございます。お疲れ様です。
- ✓ 目的はこういうことです。
- ✓ あなたの考えを聞かせてください。
- ✓ 私はこう考えています。
- ✓ 目的に向かって協力しましょう。
- ✓ 私は独りよがりになっていないか?

(1) なぜ働きかけ力が求められるのか?

働きかけ力とは、**他人に働きかけ巻き込む力**です。働きかけ力が足りない人は、周囲の人に遠慮し過ぎたり、逆に独りよがりのリーダーシップを振りかざすなどして、協力を得ることができず、孤軍奮闘する羽目になります。仕事は遅々として進まず、自分自身もつらい立場に追い込まれます。一方、働きかけ力がある人は、関係者と**目的を共有**し、**相手を尊重**しながら言うべきことは爽やかに伝え、**自ら積極的に動き、協力を得て仕事を進める**ことができます。人と協力して、ひとりでは到底できないことをやり遂げたときの達成感は、仕事の醍醐味のひとつです。

(2) 目的を共有する

人の気持ちを動かして、協力しようと思ってもらうには、**目的の共有**が不可欠です。**何のためにやるのか**、目的を理解し納得できたら、「よし、やろう!」と思えます。仕事は楽しいことばかりではありません。「大変だけどがんばろう」と思うのは、**目的を共有**し、自分もそれ向かって努力する**意義を感じた**ときです。

■ 大きな目的を話し合う

目的を共有するとき、これは何のためにやるのか、目先のことだけではなく**最終的に目指す大きな目的**を話し合います。例えば、アンケート集計を分担して行うとします。紙に書かれた5段階評価の数字やコメントを入力して、Excelなどで集計する面倒な作業です。あなたが「明日までに担当分のデータ入力お願いします。手順はこうです。」と言われたらどう思いますか?仕事だから仕方がないと思うかもしれませんが、何に使うのか、どう役立つのか説明がなかったら、単調な作業を続けるやる気が出ないでしょう。「明日の営業会議で報告するために集計します。営業部にお客様の要望を伝えましょう。」と説明が

あれば、少しは「明日までにやるぞ」と思えます。さらに「このアンケートには、お客様の生の声がたくさんあります。明日の営業会議までに集計して営業部に伝えることで、お客様のご要望に応える体制作りに役立てます。お客様の満足に貢献しましょう。」と説明があれば、**自分が行うこの作業も、大きな目的につながっている**と理解できます。

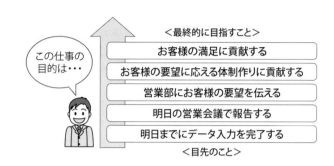

■ **迷ったら目的に立ち戻る**

初めに目的を共有できると、途中で迷ったとき、解決しやすくなります。関係者の心がバラバラになりそうなときは「**そもそも、私たちは何のためにやっているのか**」と目的に立ち戻って皆で話し合いましょう。

(3) 相手を尊重する

世の中にはさまざまな人がいます。自分と全く同じ考え方、感じ方をする人はいません。人は、それぞれの環境で生まれ育ち、教育を受け、勉強し、本を読み、さまざまな情報に触れ、スポーツや趣味を楽しみ、人と交流しながら、**自分なりの考え方や感じ方**を身に付けています。まず、一人ひとり違う考え方、感じ方をするということを念頭に置きましょう。多様な人々と協力して何かをするには、その違いを受け入れ、**相手を尊重する**考え方が必要です。

■ **相手の気持ちを考える**

人には心があります。相手に働きかけるとき、**自分がこうしたら相手はどう思うか**、考えてみましょう。自分がされたら、と置き換えて考えるのもひとつの方法ですが、そもそも相手と自分は違うので、できるだけ「**この人だったらどう思うだろう**」と想像力を働かせるのです。自分とは違う考え方、感じ方の人の身になるのは、とても難しいと気が付くはずです。相手の気持ちを考えるには努力が必要です。本当の意味で人付き合いが上手な人とは、社交的な振る舞いが上手で楽しいばかりではなく、**一生懸命想像力を働かせて相手の気持ちを考える努力**ができる人です。

■ 相手の立場を考える

　人の考え方、感じ方を左右する大きな要因として、今置かれている立場があります。相手の身になって考えるときに、重要なポイントです。仕事の場合は、「経理部員として、経費節減に取り組む役割」「営業部長として、部員をまとめて売上目標を達成する役割」など、それぞれに役割があり、責任を負っています。相手の立場を理解するには、**相手の役割**を知り、その**責任**を果たすために相手はどう考えるだろう、と想像します。

(4) アサーティブに行動し、よい影響を与える

　相手を尊重しながら働きかけようとすると、自分の考えを主張しにくいと思う人がいるかもしれません。「相手はどう思うかな」と考えて遠慮してしまい、何も言えなくなったら、協力を得ることはできないでしょう。相手の気持ちや立場を理解しようと努力したうえで、その違いを超えて何とか協力してもらえるように、**自分の考えを伝えたり、リードしていく**のが働きかけ力です。

■ アサーティブにコミュニケーションする

　自分が何かを主張するにあたって、相手の気持ちや立場をよく考えるのは2つの意味があります。ひとつは、同じことをいうにも、**相手が受け入れやすい伝え方を工夫する**ためです。不必要に感情を損ねるような言い方をせず、気持ちよく聞いてもらう伝え方を考えます。もうひとつは、自分の主張のどのあたりが、**相手にとって受け入れにくいか予測する**ためです。多様な人々と協力して何かを行うなら、対立はつきものです。対立を恐れず、想定して備えておき、落ち着いて話し合うことです。

　相手が受け入れにくい部分を予測しながら、受け入れやすい伝え方を工夫し、自分の考えをその場に適切な言い方できちんと伝える、そういうスタイルを「**アサーティブ（assertive）**」なコミュニケーションといいます。自分の考えを攻撃的に相手に主張する「**アグレッシブ（aggressive）**」なコミュニケーションにならないようにしましょう。無理に押し通したとしても、結局うまくいきません。

■ **周りの人が気持ちよく取り組めるように自ら行動する**

　人に協力してもらうには、関係者が気持ちよく取り組めるように考え、自ら行動することも大切です。周囲の協力を得ることができたら、自分が率先して取り組み、やる気をみせて周囲によい影響を与えることです。「言い出しっぺ」（最初に言い出した人、提唱した人）がやらなかったら、協力してもらえません。なお、**率先して取り組む**というのは、**リーダーを務める**だけでなく、**縁の下の力持ちに徹する**方法もあります。どちらにしても、周りの人が気持ちよく取り組めるように、自分は何をするか考えます。

（5）自分を客観視する

　人に働きかけて巻き込んでいくとき、一生懸命になるあまり自分が見えなくなることがあります。相手を尊重しながらアサーティブに行動するには、**自分を客観的に見る**ことが必要です。

■ **独りよがりになっていないか振り返る**

　自分を客観的に見るというのは、「**独りよがりになっていないか**」「**自分勝手になっていないか**」ときどき振り返って考えるということです。一生懸命やっているのに誰も協力してくれないと思うときは、自分の考え方が偏っていなかったか、自分の伝え方や行動が独りよがりになっていなかったか、**客観的かつ冷静に**考えます。本当にやる意義があり、それをきちんと伝えることができたら、協力者は必ず現れます。誰も協力してくれないと嘆く前に、振り返ってみましょう。

3. 実践

◆プロジェクトを通して働きかけ力を強化するには◆
「リードしたり、助けたり、いろいろな働きかけ方をやってみよう」
- プロジェクトメンバーをリードする　－目的を丁寧に説明したり、自分から率先して動く
- プロジェクトメンバーを助ける　　　－相手の気持ちや立場を考えて、助ける、支える

(1) プロジェクトメンバーをリードする

働きかけ力は、プロジェクト全体を通して重要な能力です。メンバーが心をひとつにして協力することがプロジェクトを成功させる秘訣ですが、多様な人々が心をひとつにするのは簡単なことではありません。実際のプロジェクト活動では、やる気のある人、嫌々参加している人、目的意識が高い人、何となく周りに流されやすい人、積極的に発言する人、話すのが苦手な人など、さまざまなメンバーがいて進めるのが難しい場合もあります。

あなたがリーダーでも、メンバーの一員でも、次のような行動をとって**プロジェクトメンバーをリードし、プロジェクト全体の活性化**を目指しましょう。

- プロジェクトを開始するときは、プロジェクトの目的を全員でよく話し合う
- 日ごろから、プロジェクトの目的を口にして、自分もメンバーも思い出せるようにする
- メンバーの気持ちがバラバラになっていたら、目的に立ち戻ってよく話し合う
- 自分が率先して行動する（その姿が他のメンバーがやる気を出すきっかけになる）
- 自分が率先して行動するときに、他のメンバーにも声をかける
- 一人で抱え込まずに、他のメンバーと積極的に話して一緒に活動する

（2）プロジェクトメンバーを助ける

　自分から率先して行動してリードするだけでなく、**メンバーが気持ちよく活動できるように助ける**のも働きかけ方のひとつです。**相手の気持ちや立場を尊重しながら、縁の下の力持ちに徹する**行動の例は次のとおりです。

- つまらなそうな人、不満そうな人がいたら、声をかけて気持ちや考えを聞く
- 発言が少ない人がいたら、声をかけて発言を促す
- 大変そうにしている人がいたら、手伝いを申し出る
- 担当者がはっきりしない仕事が発生したら、進んで引き受ける
- プロジェクトが停滞気味なときは、メンバーが気分転換できることを進んで行う
  （休憩を促す、明るくふるまう、懇親会など楽しめる場を提案・企画するなど）

「徳は弧ならず、必ず隣（となり）あり」（論語、孔子）

　誰も協力してくれない、誰も私のことをわかってくれない、そう思うときに唱えたい言葉です。
　「徳のある人は決して孤立しない、必ず理解して協力してくれる人が現れるものだ」という意味です。正しい行いであれば必ず協力が得られる、得られないなら自分に足りないところがあるとも読めます。それでは、徳とは何でしょうか？儒教では「仁、義、礼（禮）、智、信」を五徳と言います。

　　仁（じん）　思いやり、真心、誠心
　　義（ぎ）　　打算や損得のない正しい道すじ、正義
　　礼（れい）　人を尊重すること、礼を尽くすこと、礼儀
　　智（ち）　　知恵
　　信（しん）　信じること、信頼

　思いやりを持って、打算や損得なく正しいことを貫き、人を尊重することを忘れず、知恵を磨き、仲間を信じる－なんと颯爽として清々しい在り方だろうと思います。人のために、素直な心で正しいことに力を尽くす、そういう人がいたら、協力者がたくさん現れるでしょう。自分の利益だけを追求し、信頼と思いやりに欠けたビジネススタイルでは長続きしません。
　人が協力してくれない、わかってくれない、認めてくれないなら、相手のせいにして嘆くより、自分の在り方を振り返る素直な心を持ちたいものです。そして、「徳」ならば、必ず協力者が現れますから、あきらめずに前に進みましょう！

4. 振り返り

1.**働きかけ力**の発揮について、現在の自分を振り返りましょう。

これまで経験した具体的なエピソードがあれば、挙げてください。

2.あなたが**働きかけ力**を発揮できないとしたら、それはどういうときですか？

何が**働きかけ力**の発揮を妨げるのか、考えましょう。

3.自分の**働きかけ力**を強化するためには、何をしたらよいと思いますか？

日々の活動のなかで、今日から実行することを考えましょう。

第**5**章 前に踏み出す力（3）
－実行力－

目 的 を 設 定 し 確 実 に 行 動 す る 力

　実行力とは、目的を設定して確実に行動する力です。すばらしいアイデアを思いついても、綿密な計画を練り上げても、実行に移さなかったら何もしないのと同じことです。何のために、何を、どこまでやるのか、自分で目的と目標を設定して、計画を確実に実行し、最後までやり切る粘り強さが求められます。

講義の流れ

1.導入

　講義の目的を確認し、ケースを読みます。

　事前チェックシートに記入します。

　チェック結果とケースに基づき、意見交換します。

2.講義

　（1）　なぜ実行力が求められるのか？

　（2）　目的と目標を心に刻む

　（3）　モニタリング＆コントロールする

　（4）　最後まで粘り強くやり抜く

3.実践

　（1）　プロジェクトの目的を理解する

　（2）　プロジェクトをやり遂げる覚悟を持つ

　（3）　プロジェクトの成果を振り返る

4.振り返り

　振り返りシートに記入します。

　振り返りシートに基づき、意見交換します。

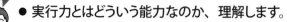

目的　実行力について理解し、その強化方法を学びます。
- 実行力とはどういう能力なのか、理解します。
- なぜ実行力が求められるのか、理解します。
- 実行力を強化するには、どう考えどう行動したらよいか、理解します。

1. 導入

(1) ケース「あきらめるのはまだ早い・・・」

　大学3年生のリカは、ある授業でチーム研究に取り組んでいます。始めはチームメンバーもやる気満々でしたが、最近トーンダウン。教授に相談することにしました。

リカ　：先生、チーム研究なんですが、進め方を変えてもいいですか？
教授　：どういうことかな？説明してください。
リカ　：初めは、何社か企業訪問してインタビューする、アンケートで生の声を収集する、街頭ウォッチングでトレンドを探るなど、アイデアがたくさん出て盛り上がったんですが…。実際やろうとすると、なかなかハードル高くて進んでいないんです。時間もどんどん過ぎるし、こうなったらWebでの情報収集を中心にまとめようかって。
教授　：Webでの情報収集ですか。
　　　　それもひとつの方法だけど、みんなの目的はそれで果たせますか？
リカ　：それは…。
教授　：ハードル高いって言ったけど、どういう壁があった？
リカ　：壁っていうか…。ほとんど実行に移せていないんです。
　　　　企業をどう選ぼう、面談の約束をどう取ろう、
　　　　研究テーマの説明資料があったほうがいい、
　　　　質問シートも作ろう、とかやることがいっぱい出てきて…。

教授　：途中で投げ出したくなってしまった。
リカ　：そう言われると情けない気分ですけど。
教授　：そう思うんなら、もう少しがんばってみたら？
　　　　本当に必要なら、進め方の変更もありますが、安易にするべきではありませんよ。
　　　　実行してみて困ったことがあったら、また相談に来なさい。
リカ　：はい。ありがとうございます。チームで話し合ってみます。

「こうしよう」と目指したことを確実に実現するには、考えるだけでなく実行に移さなければなりません。当たり前のことですが、これがなかなか難しいですね。ダイエットしようと思っても、スイーツを目の前にすると我慢できない…、試験勉強しなきゃと思っても友人の誘いを断れない…、誰でも経験があるでしょう。目的と目標を明確にして、実行に移すには**「やり抜くぞ！」という強い気持ち**が必要です。ダイエットや試験勉強に成功した人は、そうした覚悟があったはずです。このケースのリカとチームメンバーはどうでしょうか？アイデアを出す段階では活発な意見が出たようですが、それを実行する段階になるとトーンダウン、計画を変更して楽な方法を選ぼうとしています。教授が言うように、うまくいかないからといって安易に変更するのはお勧めできません。実行力がある人ならどうするか、考えてみましょう。

(2)事前チェックとディスカッション

1.あなたの実行力について、Yes/No で事前チェックしましょう（チェック結果については P142 の「チェックシート活用」を参照）。

【実行力チェックシート：A】

何かを行うとき、目的（何のためにするのか）を明確にしている	Yes	No
目標は、できばえが測れるように設定している 　例：3か月後までに（納期）、体重を（測定指標）3kg（目標値）減らす	Yes	No
計画どおり実行できているか、途中で確認しながら進めている	Yes	No
計画どおりに進んでいないとき、どうしたら目的を果たせるか、考える	Yes	No
目的と目標を設定したら、粘り強くやり抜く気持ちが強いほうだ	Yes	No

【実行力チェックシート：B】

何かを行うとき、あまり「何のために」と深く考えないほうだ	Yes	No
目標が具体的でない場合が多い　例：夏までに痩せる	Yes	No
途中で確認しないので、気が付いたら計画と大きく違うことが多い	Yes	No
計画どおりに進んでいないとき、目標を低く変更することが多い	Yes	No
目的と目標を設定しても、困難な状況になるとあきらめてしまうほうだ	Yes	No

2.前述のケースを読んで、あなたはどう思いましたか？書き出しましょう。
- リカとチームメンバーの言動について、どう思いましたか？
- あなたがリカやチームメンバーだったら、どうしますか？

3.上記の 2. で書き出したことをグループ内で意見交換し、リカやチームメンバーはこれからどうしたらよいか、グループの考えをまとめましょう。

第5章　前に踏み出す力（3）－実行力－　37

2. 講義

◆実行力とは◆
「目的を設定し確実に行動する力」
- 目的と目標を心に刻む
- モニタリング＆コントロールする
- 最後まで粘り強くやり抜く

キーワード
- ✓ 私の目的と目標はこれです。
- ✓ 計画どおり行っているか？
- ✓ 目的を果たすために、どう軌道修正したらよいか？
- ✓ 絶対にやり抜く
- ✓ 簡単にあきらめない

(1) なぜ実行力が求められるのか？

実行力とは、**目的を設定し確実に行動する力**です。実行力が足りない人は、目的や目標を達成することへのこだわりが弱く、確実にやり抜くことができません。途中で安易に目標を低く変更したり、途中で投げ出すようでは、自分の役割を果たすことができないでしょう。仕事では、**目的と目標を設定し、それを心に刻んで最後までやり抜く**実行力が求められます。

(2) 目的と目標を心に刻む

心に刻む、というと大げさに思いますか？目的と目標を設定し、それを絶対に忘れない、**いつも意識して実現にこだわり、やり抜く**のが実行力です。仕事であれば「自社の経営理念は？」「今年の経営目標は？」「今期の自分の活動目標は？」と聞かれて、即答できないようでは実行など無理でしょう。**心に刻み、強く思い続ける**ことが大切です。

■ **目的を明確にする**

何をするにも、まず「何のためにするのか？」目的を明確にします。何となく…ではなく、文章に書いてみるとはっきりわかります。自分で文章に書けないなら、目的の理解が足りないということです。

■ **目標を設定する**

目標は、できたかできなかったか、できばえが測れるように具体的に設定します。これも書き出してみましょう。いつまでに（納期）、何を（測定指標）、どこまで（目標値）やるのか、測定可能な目標にします。

（3）モニタリング＆コントロールする

　目的と目標に向かって進んでいくには、**途中で進捗状況を確認**（モニタリング）し、必要に応じて**軌道修正する(コントロール)**ことが必要です。「**モニタリング＆コントロール**」は、確実な実行のキーポイントです。

■ 進捗状況をモニタリングする

　モニタリングとは、どうなっているかウォッチし続ける、**進捗状況を確認する**ことです。何となく遅れ気味だな…とは思っていても、どの程度遅れているか確認しないでいると、ついそのままにしがちです。タイミングを決めて、定期的に確認しましょう。早く遅れに気が付けば、傷が浅いうちに軌道修正できます。

■ 計画の遅れをコントロールする

　モニタリングしていて、計画どおりに行っていないことに気づいたら、**どうしたら軌道修正できる**か考えます。このとき大切なのは、**目的に立ち戻って考える**ことです。目的を忘れると、安易に目標を変更するなど本末転倒な対応になります。目的を果たすには、どう軌道修正したらよいか考えて、必要な対応を柔軟に行います。これが**コントロール**です。モニタリング不足で大きく計画が遅れると、コントロール不能に陥ります。

（4）最後まで粘り強くやり抜く

　目的と目標を心に刻み、**モニタリング＆コントロール**によって確実に進めるには、最終的には心の持ちようです。**粘り強く最後までやり抜く強い心**があれば、多くの困難を乗り越えることができるでしょう。仕事は楽しいことばかりではないので、**ストレスコントロール力**も強化して、自分を追い詰めずにバランスをとりたいものです。

■ 小さな成果を積み重ねる

　強い心を持ち続けるひとつの方法は、小さな成果を積み重ねて、それを喜びと考えることです。最終目的と目標を達成するまでに、小さなステップがたくさんあるでしょう。**小さな目標にブレイクダウンして、ひとつひとつ達成**していくと、区切りも付いてやる気を保ちやすくなります。

■ やり抜く覚悟を持つ

　最後は、やり抜く覚悟があるか、**絶対にやるぞ！と強く思って行動**するかどうかです。やらない理由、あきらめる理由を探すほうが簡単ですが、**どうしたらできるか？**と考え、粘り強く取り組むことで、目的と目標を達成できるのです。

3. 実践

> ◆プロジェクトを通して実行力を強化するには◆
> 「目的をしっかり理解して、最後までやり遂げよう」
> - プロジェクトの目的を理解する　　　　－わかるまでよく聞く、話し合う
> - プロジェクトをやり遂げる覚悟を持つ　－簡単にあきらめない
> - プロジェクトの成果を振り返る　　　　－やりっぱなしにしない

(1) プロジェクトの目的を理解する

　プロジェクトには、必ず目的があり、いつまでに（納期）、何を（測定指標）、どこまで（目標値）やるのか、目標があります。教授や上司などから与えられる場合もあれば、メンバーで考えて決めることもあります。どちらにしても、目的や目標をしっかり理解しなければ、どこに向かって実行したらよいかわからないでしょう。実行力がある人は、目的と目標というゴールが明確に見えているから、そこに向かって積極的に進んでいけるのです。プロジェクトの目的を理解するために、次のような行動を心がけましょう。

- プロジェクトの目的の説明をよく聞いて、わからないことは質問する
- プロジェクトの目的についてメンバーで話し合って、誤解がないか確認する
- 目標をメンバーで決めるなら、ストレッチ目標（背伸びが必要な高い目標）にする
- 目的や目標をいつでも確認できるようにする（持ち歩く、目につくところに貼るなど）

> 「功（こう）の崇（たか）きはこれ志（し）、業（ぎょう）の広きはこれ勤（きん）」（書経）
>
> 　中国古典のひとつ、書経の一節です。「志」は高い目的意識、「勤」は持続的な努力を表します。すばらしい功績を上げるには高い目的意識が必要、大きな事業を成功させるには、持続的な努力が必要だという意味です。ここでも、目的と目標を心に刻み、努力し続けてやり抜くことが大切だと説いています。壁に当たったら、自分は「志」を持って「勤」を実践しているか、振り返りましょう。

（2）プロジェクトをやり遂げる覚悟を持つ

　プロジェクトを進めるなかでは、うまくいかないことが起きて壁にあたることも多いでしょう。計画どおりにいかないからといって目標を下方修正したり、あきらめるのではなく、粘り強くやり遂げる覚悟が必要です。行動の例は、以下のとおりです。

- こまめに進捗確認する（大幅に遅れてからでは取り返すのが難しい）
- 計画遅れに気が付いたら、早め早めに手を打つ
- 簡単に目標を下方修正しない
- 簡単にスケジュールを変更しない
- 小さな成果（完了した作業など）を喜んで自分のモチベーションを上げる
- 小さな成果（中間報告での成果など）を祝ってチームのモチベーションを上げる
- プロジェクトの目的に立ち戻って、その意義をよく考える
- 絶対にやるぞ！と自分に誓う

（3）プロジェクトの成果を振り返る

　プロジェクトを終了するときは、その成果を振り返ります。

- 目的・目標の達成状況や具体的な成果物
- プロジェクトを通してチーム全体が得た知恵や教訓
- プロジェクトメンバー一人ひとりが得た知識・スキル・マインド

　目的・目標の達成状況や具体的な成果物を振り返るのはもちろんですが、「こういうときにはここに気を付けるとよい」など**知恵や教訓**があれば整理して、成果報告書などに書いておくと、同様のプロジェクトをする人たちの役に立ちます。また、**プロジェクトメンバーが得た知識・スキル・マインド**は、一人ひとりが自分で振り返って次につなげましょう。

4. 振り返り

1.**実行力**の発揮について、現在の自分を振り返りましょう。

これまで経験した具体的なエピソードがあれば、挙げてください。

2.あなたが**実行力**を発揮できないとしたら、それはどういうときですか?

何が**実行力**の発揮を妨げるのか、考えましょう。

3.自分の**実行力**を強化するためには、何をしたらよいと思いますか?

日々の活動のなかで、今日から実行することを考えましょう。

第**6**章 **考え抜く力(1)**
－課題発見力－

現状を分析し
目的や課題を明らかにする力

　課題発見力とは、目的や課題を明らかにする力です。人が進歩を遂げてきたのは、現状に甘んじることなく、問題意識を持って物事に目を向け、あるべき姿を考え、課題を発見して、解決しようと創意工夫してきたからです。

　私たちを取り巻く環境は、刻一刻と変化しています。新しい問題が次々と現れ、それを解決しなければ社会も組織も前へ進めないでしょう。多くの問題を抱えている現代、課題発見力の重要性はますます強くなっています。

講義の流れ

1.導入

　講義の目的を確認し、ケースを読みます。

　事前チェックシートに記入します。

　チェック結果とケースに基づき、意見交換します。

2.講義

　（1）なぜ課題発見力が求められるのか?

　（2）問題・課題とは何か

　（3）課題を発見する着眼点

　（4）課題を発見して解決するまでの流れ

　（5）現状の問題から課題を設定する

　（6）ありたい姿から課題を設定する

3.実践

　（1）データを集めて現状を観察する

　（2）問題や課題を話し合う

4.振り返り

　振り返りシートに記入します。

　振り返りシートに基づき、意見交換します。

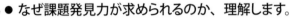
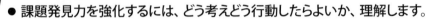

目的　課題発見力について理解し、その強化方法を学びます。
- 課題発見力とはどういう能力なのか、理解します。
- なぜ課題発見力が求められるのか、理解します。
- 課題発見力を強化するには、どう考えどう行動したらよいか、理解します。

1. 導入

(1) ケース「その場しのぎの解決では役に立たない」

　山本さんと酒井さんは、通信販売を行っている会社で、お客様の注文した商品を倉庫からピックアップして梱包する業務を担当しています。ところが、最近、商品の入れ間違いが増加したので、上司の杉崎課長と対策を考えることになりました。

杉崎課長：お客様相談センターの月報によると、商品違いによる返品交換率が2倍になったそうだ。これは何とかしないといけないね。

二人　　：申し訳ありません。

杉崎課長：起きたことは起きたこととして、今後の対策を考えたくてリーダーの2人に来てもらったんだよ。メンバーの話は聞いてくれたかな？

山本　　：はい。いろいろな意見がありましたが、誰でも間違うことがあるから、最終チェックをもっとしっかりしてほしいと言われました。

酒井　　：私もです。最終チェックをきちんとしていれば、わかるはずだって。

杉崎課長：うーん。まあ、それはそうだが…。最終チェックはどうしているの？

山本　　：皆でローテーションを組んで順番に担当しています。短時間で大量にチェックするので、一番神経を使って大変だからです。

酒井　　：そもそもピックアップ時にもチェックしますから、最終チェックは短い時間で行う流れになっているんです。

杉崎課長：でも、それは以前からだよね。なぜ急に商品違いが増えたんだろう。

二人　　：さあ…。

山本　　：最終チェックの人数を2倍にしますか？

杉崎課長：そうだね。それもひとつの方法だけど…。
商品をピックアップする人数が減って効率は下がるし、ピックアップの間違いが減らなかったら最終チェックが大変なのは変わらないだろう。

二人　　：うーん…。そうですね…。

問題が起きたとき、解決方法はいろいろあります。緊急性が高い場合は、その場しのぎの解決策でも至急行うときがあります。例えば、けがをして出血しているとき、出血の原因を調べて適切な手当てを行う前に、とりあえず止血するのと同じです。しかし、それはあくまで一時的な対応です。いつも**その場しのぎでは、問題は解決できません**。山本さんは、商品の入れ間違いを減らすために最終チェックを強化したらどうか？と考えています。メンバーからそういう意見が出たからですが、問題は最終チェックのやり方だけでしょうか？杉崎課長は、最終チェックのやり方は以前と変わっていないのに、なぜ間違いが増えたのか？と疑問を投げかけています。**考え抜いて目的や課題を明らかにする**とはどういうことか、このケースで考えてみましょう。

（2）事前チェックとディスカッション

1. あなたの課題発見力について、Yes/No で事前チェックしましょう（チェック結果については P142 の「チェックシート活用」を参照）。

【課題発見力チェックシート：A】

日ごろから問題意識を持って周囲に目を向け、情報収集している	Yes　No
現状に対して、あるべき姿（目指す姿）を考えるようにしている	Yes　No
問題に気づいたら、何が起きているのか、現状を詳しく調べる	Yes　No
問題に気づいたら、問題を引き起こしている原因をよく考えている	Yes　No
あるべき姿と現状のギャップから、解決すべき課題をよく考えている	Yes　No

【課題発見力チェックシート：B】

日ごろから、あまり問題意識が強いほうではない	Yes　No
現状で目立った問題がなければ「もっとこうしたい」とは思わない	Yes　No
問題に気づいても、詳しいデータを集めて現状を調べるのは面倒だ	Yes　No
問題に気づいても、原因を深く考えるのは面倒だ	Yes　No
解決するべき課題は、思いつきで決めることが多い	Yes　No

2. 前述のケースを読んで、あなたはどう思いましたか？書き出しましょう。
   - 山本さん、酒井さんの言動について、どう思いましたか？
   - あなたが2人だったら、これからどうしますか？

3. 上記の2. で書き出したことをグループ内で意見交換し、山本さん、酒井さんはこれからどうしたらよいか、グループの考えをまとめましょう。

第6章　考え抜く力（1）－課題発見力－　　45

2. 講義

> ◆課題発見力とは◆
> 「現状を分析し目的と課題を明らかにする力」
> - 現状を把握する
> - 現状の問題から課題を設定する
> - ありたい姿から課題を設定する
>
> キーワード
> ✓ 現状はどうなっていますか？
> ✓ あるべき姿はどういう状態ですか？
> ✓ 現状とあるべき姿のギャップは？
> ✓ ありたい姿はどういう状態ですか？
> ✓ 解決すべき課題は何ですか？

(1) なぜ課題発見力が求められるのか？

　課題発見力とは、**目的や課題を明らかにする力**です。課題発見力が足りない人は、身の回りにある問題に気づかなかったり、気づいても深く考えるのを面倒に思ったり、現状をよく調べずに思いつきで課題を設定し、短絡的な解決策に走って失敗します。仕事の成果とは、もっと**効果的**にやろう、もっと**効率的**にやろう、という志と努力によってもたらされるのです。**現状を正しく認識**し、あるべき姿やありたい姿に向かって何を解決したらよいのか、考え抜くことが必要です。

(2) 問題・課題とは何か

　問題とは、一言でいえば**あるべき姿と現状のギャップ**です。あるべき姿とは、定められている目標、目指す姿です。こうあるべきと設定したレベルに現状が達していなければ、そこに何らかの問題が潜んでいます。したがって、問題を見つけるには、あるべき姿と現状が明確になっている必要があります。何を目指しているのかわからない、現状どうなっているかわからない、という状態で漠然と困っている人は、まずこの2つを明らかにすることから始めましょう。

　課題とは、**解決すると決めた（自らに課した）テーマ**です。問題が起きているなら、それを取り除くために何を解決するのか、問題が起きていなくても将来ありたい姿に向かって変革するなら、現状を打破するために何を解決するのか、課題を設定して取り組みます。

(3)課題を発見する着眼点

解決すべき課題を発見するには、さまざまな着眼点があります。大きく分けると、すでに起きている問題を見つける着眼点と、将来に向けて達成したいありたい姿を設定するための着眼点です。

■ すでに起きている問題を見つける

現状で困っていることがないか、目標達成度やプロセス（やり方）の視点で考えます。

● **目標達成度**

あるべき姿の**目標を達成しているか**に着目します。目標を下回っている場合はもちろん、達成していても、他と比較すると**目標のレベルが低い**とか、**何を目標にするか自体が不適切**と疑う場合は、問題が潜んでいる恐れがあります。

● **プロセス**

プロセスに**ムダ・ムラ・ムリ**がないかに着目します。目標は達成していても、**非効率なやり方**をしていたり、**個人のスキル**に頼っていたり、たまたま達成しただけ、ということもあります。

■ 将来に向けて達成したいありたい姿を考える

今は困っていなくても、関係者の満足度や将来予測などを考えて、自分たちはどうありたいかという視点で考えます。

● **満足度**

関係している人々が満足しているかに着目します。自分たちだけでなく、他の部門、お客様、世の中の人々などに満足してもらえる状態になっているかを考えて、ありたい姿を考えます。

● **将来予測**

将来を予測したときに、このままでよいのかに着目します。世の中の変化をとらえ、現時点では問題になっていないことに手を入れたり、現時点ではお客様も思いつかない**新しい価値提供に向けて知恵を絞る**など、ありたい姿を考えます。

(4) 課題を発見して解決するまでの流れ

課題を発見して解決する流れを見てみましょう。アプローチは2つあります。

あるべき姿（定められた目標）に対して、「**これは困ったな**」とすでに問題が起きているなら、現状の問題点を抽出して、解決すべき課題を設定し、要因分析によって問題を引き起こしている原因を特定し、それを取り除くことで解決します。問題は目に見えて起きていなくても、「**お客様や関係者の期待に応えるには、もっとこうしたいな**」とさらに高いレベルを目指したり、「**今後のことを考えると、こうなっていなければ！**」と将来を見越して変革するなら、ありたい姿を設定して現状とのギャップを考え、ありたい姿に近づくための課題を設定し、解決します。課題発見力は、現状把握から課題の設定までに必要な力ですが、課題発見は解決してこそ意味があるので、以下の流れの最後まで関係があります。

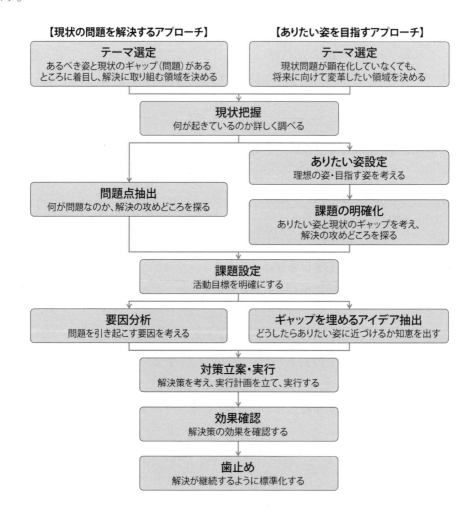

（5）現状の問題から課題を設定する

　現状の問題を解決するアプローチでは、現状を把握して、問題点を抽出し、解決すべき課題を設定します。

● **現状を把握する**

　何らか問題が発生していることについて、何が起きているのか、よく観察します。できるだけ具体的なデータを集めて、事実を明らかにします。

● **問題点を抽出する**

　事実に基づき、何が問題なのか、よく考えて解決の糸口を探します。何が問題なのかを考える手段に「**層別**」があります。層別とは、一定の条件で分類することです。起きている現象を一定の条件で分類し、「**こういう条件のときに多く問題が発生する**」という切り口を見つけることができれば、そこを解決の攻めどころにすればよいのです。

● **課題を設定する**

　何を解決すれば、問題を取り除き、あるべき姿を達成できるのか、課題を設定します。**何を、いつまでに、どこまでやるのか**、活動目標を明確にします。

（6）ありたい姿から課題を設定する

　ありたい姿を目指すアプローチでは、現状の延長線上ではなく、明確な答えがないところで「**これが新しい姿だ**」「**こういう状態を目指そう**」と設定するので、起きている問題を探すより難しいかもしれません。

● **現状を把握する**

　現状がどうなっているのか、**よく観察**します。ありたい姿を考えながら「**今はどうなっているのかな**」と並行して考えてもよいでしょう。できるだけ具体的なデータを集めて、事実を明らかにします。

● **ありたい姿を考える**

　世の中の動きや関係者の要望を理解したうえで、ありたい姿についてメンバーで知恵を出し合い、十分話し合います。正解がないからこそ、お客様など**関係者が求める価値のレベルを超え、将来起きると予測される環境変化にも対応できる**、ありたい姿のアイデアを出すには創造力が必要です。

● **課題を設定する**

　ありたい姿と現状のギャップを明確にして、何を解決すれば、ありたい姿を達成できるのか、課題を設定します。**何を、いつまでに、どこまでやるのか**、活動目標を明確にします。

3. 実践

> ◆プロジェクトを通して課題発見力を強化するには◆
> 「現状をよく観察して、プロジェクトメンバーで話し合って問題・課題を発見しよう」
> ● データを集めて現状を観察する　－集めたデータはグラフなどを使って分析
> ● 問題や課題を話し合う　　　　　－KJ法などを使ってディスカッション

(1) データを集めて現状を観察する

　課題を発見するには、まず現状をよく理解する必要があります。「何となくこういうことが起きていそうだ」「たぶん現状はこうなっているだろう」と、あいまいな予測では真の課題を見つけることはできません。**具体的なデータ**を集めて、**先入観を捨てて現状をよく観察**します。不適合品の発生件数のように数値で捉えられる情報なら計測しやすいですが、工場で製品を作っている作業員の作業の習熟度やモチベーションのように、数値で捉えるには工夫が必要なものもあります。データの集め方についても、プロジェクトメンバーで知恵を出し合うとよいでしょう。

- 数値で捉えられる情報は、データの入手方法を調べて集める
  （すでに計測されていて入手可能なのか、新たに計測が必要なのか、など）
- 数値で捉えられない情報は、データの計測方法を考えて集める
  （評価尺度を決めて評価する、アンケートを取る、など）

集めたデータは、そのままでは何が読み取れるかわかりません。**グラフ**にしたり、**層別**して「何が起きているのか」「どういう場合にどういうことが起きやすいのか」など傾向を観察します。

(2)問題や課題を話し合う

　現状をよく観察したら、問題や課題について話し合います。一般的に使われる方法に**KJ法**があります。考案者の川喜田二郎氏の頭文字から命名された手法で、付箋紙などを使って1枚にひとつの情報を書いてできるだけ多く書き出した後、同じ系統のものをグループ化して整理や分析を行います。意見やアイデアを出し尽くすために、次のような工夫をします。

- 各自がよく考えて意見をたくさん出すために「1人○枚」とノルマを決める
- 人が書いた情報に反論しない
- 人が書いた情報に積極的に乗っかる（関連して思いつくものを書き出す）
- 分類は全員で話し合いながら行う

4. 振り返り

1. **課題発見力**の発揮について、現在の自分を振り返りましょう。
これまで経験した具体的なエピソードがあれば、挙げてください。

2. あなたが**課題発見力**を発揮できないとしたら、それはどういうときですか？
何が**課題発見力**の発揮を妨げるのか、考えましょう。

3. 自分の**課題発見力**を強化するためには、何をしたらよいと思いますか？
日々の活動のなかで、今日から実行することを考えましょう。

第**7**章 考え抜く力(2)
－計画力－

課題の解決に向けたプロセスを明らかにし準備する力

　計画力とは、課題の解決に向けたプロセスを明らかにし準備する力です。段取り八分という言葉があるように、物事を確実に実行するには、計画段階が重要です。目的と目標に向かって、どういうアクションをどういう順番で行ったらよいのか、迷わず実行できるレベルまで具体的にブレイクダウンできれば、後はそれをひとつずつ確実に行うのみです。計画がしっかりしていれば、仕事が効率的かつ効果的に進められるでしょう。

講義の流れ

1.導入

　講義の目的を確認し、ケースを読みます。

　事前チェックシートに記入します。

　チェック結果とケースに基づき、意見交換します。

2.講義

（1）なぜ計画力が求められるのか?

（2）目標達成までのプロセスを明確にする

（3）実行できるように具体的にする

（4）優先順位を考える

3.実践

（1）プロジェクト体制を決める

（2）プロジェクト計画を立てる

（3）プロジェクトの進捗を管理する

4.振り返り

　振り返りシートに記入します。

　振り返りシートに基づき、意見交換します。

| 目的 | 計画力について理解し、その強化方法を学びます。 |

- 計画力とはどういう能力なのか、理解します。
- なぜ計画力が求められるのか、理解します。
- 計画力を強化するには、どう考えどう行動したらよいか、理解します。

1. 導入

(1) ケース「行き当たりばったりでは回らない！」

　営業の石田さんは、明日がお客様に提案を行う日、プレゼンテーション準備に追われているようです。そこに外出先から戻ってきた南部長が声をかけました。

南部長：石田さん、至急お願いしたいことがあるんだけど、いいかな？

石田　：えっ！あ、はい！

南部長：先日、いろは製造様に提出した資料、新バージョンのリリース時期を来月と記載しただろう。今日本社で会議があって、1か月遅れることになったんだ。至急お詫びと説明に行かなければ…！お客様に連絡してアポイントを取ってから、資料を修正して訪問準備をして欲しい。

石田　：えっ！そうなんですか…！

南部長：お客様もリリース時期に合わせてスケジュールを立てているはずだ。

石田　：そうですね…。それがその、実は、明日の準備で手いっぱいで…

南部長：明日？　ABCエンジニアリング様の件？

石田　：そうなんです。まだ提案書ができていなくて。

南部長：前日に何をやっているんだ。提案日が決まったのは2週間以上前だっただろう？

石田　：はい、それが…技術部にシステム構成案をお願いするのが遅れてしまったので、回答がまだなんです。とりあえず、それ以外の部分を先に作っているんですが、それもまとまらなくて。

南部長：石田さん、先週もいろは製造様の契約書、法務部にチェック依頼を忘れて、納期に間に合わせるために皆さんに迷惑をかけただろう。

石田　：申し訳ありません。
　　　　他にもあれこれ重なってしまって…。
　　　　とりあえず、どうしましょう？

人には誰でも、うっかりミスがあります。十分な計画を立てずに、行き当たりばったり
で仕事を進めていると、石田さんのようにミスが増えて回らなくなり、周囲にも迷惑をか
けます。石田さんは、いろは製造様とABCエンジニアリング様の両方を担当していますが、
複数のことを並行して進めるには、計画力が重要です。ひとつの仕事のなかにも、複数の
やるべきことがあり、同時に進んでいきます。自分で提案書を作りながら、技術部の支援
が必要な部分は依頼して、回答が戻ってきたら提案書に反映する、という具合です。さら
に、**仕事に突発事項はつきもの**です。本社の会議から戻ってきた南部長が、緊急の指示を
出しています。急に割り込んでくる仕事に対応するには、現在の**仕事の優先順位を考え直
す**必要がありますが、いつも余裕なくギリギリの状態でいると、こういうときに柔軟な対
応ができません。

（2）事前チェックとディスカッション

1.あなたの計画力について、Yes/Noで事前チェックしましょう（チェック結果について
　　はP142の「チェックシート活用」を参照）。

【計画力チェックシート：A】

何かを行うとき、取りかかる前に全体の流れを整理している	Yes	No
計画は「○○を××する」と詳細項目まで分解して書き出している	Yes	No
どのくらい時間がかかるか、予測したうえでスケジュールを立てる	Yes	No
納期から逆算して、余裕のあるスケジュールを立てる	Yes	No
急な変更があれば、優先順位を冷静に判断し、ときには人に相談する	Yes	No

【計画力チェックシート：B】

何かを行うとき、まずはできることから始めてみる	Yes	No
計画は、作成したとしても大きな流れを整理する程度である	Yes	No
どのくらい時間がかかるか、深く考えずにスケジュールを立てる	Yes	No
気が付くと納期ギリギリになっていて慌てることが多い	Yes	No
急な変更があると、対応しきれず慌てることが多い	Yes	No

2.前述のケースを読んで、あなたはどう思いましたか？書き出しましょう。
- 石田さんの言動について、どう思いましたか？
- 石田さんは、どういう点を改めたらよいと思いましたか？

3.上記の2.で書き出したことをグループ内で意見交換し、石田さんはどういう点を改め
　　たらよいと思うか、グループの考えをまとめましょう。

第7章　考え抜く力（2）－計画力－　　55

2. 講義

◆計画力とは◆
「課題の解決に向けたプロセスを
明らかにし準備する力」
- 目標達成までのプロセスを明確にする
- 実行できるように具体的にする
- 優先順位を考える

キーワード
✓ 計画を立てましたか？
✓ 迷わず実行できますか？
✓ その仕事の前工程は何ですか？
✓ その仕事の後工程は何ですか？
✓ 優先順位を考えていますか？

（1）なぜ計画力が求められるのか？

計画力とは、**課題の解決に向けたプロセスを明らかにし準備する力**です。計画力が足りない人は、行き当たりばったりで思いつくままに仕事に着手し、うっかりミスや納期遅れなど、周囲の人に迷惑をかける恐れがあります。自分自身も、ダラダラしている時間があると思えば、急に時間が足りなくなって焦るなど、落ち着いて仕事ができません。**限られた時間を有効に使って、余裕をもって仕事を進める**には、計画が必要です。全体の流れ、つまり、目標達成までのプロセスを整理して、具体的な**アクション**（やるべきこと）に**ブレイクダウン**（分解）し、**いつまでに何をどういう順番で行ったらよいか**、わかるようにすることです。これは、複数の人と協力して進めるとき、さらに重要性が増します。計画を共有し、具体的なアクションを分担し、お互いの作業がどう関係し合うのか理解したうえで進めると、間違いがありません。ここでは、計画の立て方を学び、計画力について考えましょう。

（2）目標達成までのプロセスを明確にする

計画を立てるとき、まず全体の流れ、**目標達成までのプロセス**を整理します。細かいアクションに落とす前に、**大きく捉える**のがポイントです。

例えば、お客様に提案するプレゼンテーションの準備を行うプロセスで考えてみましょう。大まかな流れを整理すると、以下のようになります。初めて担当する仕事の場合、この時点でわからない場合もあるでしょう。不安があれば、細かくブレイクダウンする前に、上司や先輩に抜け漏れがないか相談します。あいまいなままで先に進めると、後で手戻りが発生して結果的に時間が無駄になります。

(3) 実行できるように具体的にする

大まかな流れが決まったら、実行できるように具体的にします。細かいアクションを書き出して、実行順序を決めて、他の人と協力して進める場合は役割分担を決めます。そのうえで、スケジュールを決めて、優先順位を考えながら進めます。

■ 具体的なアクションにブレイクダウンする

計画を実行可能なものにするには、具体的なアクションにブレイクダウンして、**迷わず実行できるように具体的にする**必要があります。

例えば、ひとことに「骨子を考える」といっても、どう考えたらよいのかイメージができない人もいるでしょう。「発表準備を行う」とは、具体的に何を準備するのか、洗い出さないと取りかかれません。具体的なアクションにブレイクダウンします。ひとつひとつのアクションが明示されていれば、**終わったかどうかチェック**できます。また、「資料作成は部長承認を得たら完了」というように、大まかなプロセスの単位での完了条件を設定しておくと、さらに**進捗管理がしやすく**なります。

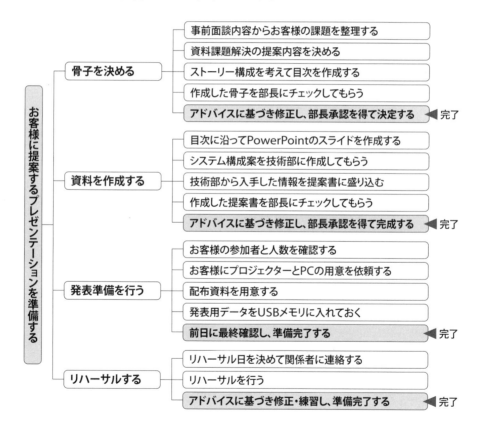

■ 実行順序や役割分担を決める

具体的なアクションが明確になったら、**実行順序や役割分担**を考えます。個々のアクションを見れば、「**これが終わらないと、これに着手できない**」という順序があるものと、「**これとこれは並行して進められる**」というものがあるでしょう。順序があるものは、遅れると次の項目に影響を与えます。先に行うことを**前工程**、次に行うことを**後工程**や**次工程**と呼びます。前工程・後工程の関係を考えて、無理のない計画を立てる必要があります。また、並行して進められることは、役割分担して同時に行うと全体のスケジュールが短縮できます。分担できるなら検討しましょう。

例えば、下表のようにアクション項目を一覧表にして、各項目に番号を振り、前工程があるものは明記します。役割分担する場合は、担当者も明記します。前工程・後工程の関係を整理したら、**納期から逆算**して、かかる時間や日数をイメージしながら大まかなスケジュールを決めます。例えば、6/17の提案当日に向けて6/1から準備をするなら、骨子を3日間、資料を土日を挟んで5日間、準備は6/1〜前日まで、リハーサルは資料完成後6/11〜前日（日程調整は6/1から着手）という具合です。

No.	アクション項目	前工程	開始日	終了日	担当者
1	**骨子を決める**		6/1	6/3	
1-1	事前面談内容からお客様の課題を整理する				石田
1-2	課題解決の提案内容を決める	1-1			石田
1-3	ストーリー構成を考えて目次を作成する	1-2			石田
1-4	作成した骨子を部長にチェックしてもらう	1-3			南
1-5	アドバイスに基づき修正し、部長承認を得て決定する	1-4			南/石田
2	**資料を作成する**		6/4	6/10	
2-1	目次に沿ってPowerPointのスライドを作成する	1-5			石田
2-2	システム構成案を技術部に作成してもらう	1-5			技術部
2-3	技術部から入手した情報を提案書に盛り込む	2-2			石田
2-4	作成した提案書を部長にチェックしてもらう	2-1〜3			南
2-5	アドバイスに基づき修正し、部長承認を得て完成する	2-4			南/石田
3	**発表準備を行う**		6/1	6/16	
3-1	お客様の参加者と人数を確認する				石田
3-2	お客様にプロジェクターとPCの用意を依頼する				石田
3-3	配布資料を用意する	2-5			石田
3-4	発表用データをUSBメモリに入れておく	2-5			石田
3-5	前日に最終確認し、準備完了する	3-1〜4			石田
4	**リハーサルする**		6/1	6/16	
4-1	リハーサル日を決めて関係者に連絡する				石田
4-2	リハーサルを行う	2-5			関係者
4-3	アドバイスに基づき修正・練習し、準備完了する	4-2			石田

58　社会人基礎力講座　第3版

■ 詳細スケジュールを決める

　大まかなスケジュールが決まったら、**個々のアクションにどのくらい時間がかかるか**予測しながら、詳細スケジュールを決めます。前工程・後工程の関係や、並行して進める項目がわかりやすいように、スケジュールを図示するとよいでしょう。

　例えば、以下のように日程を明記して、開始日と終了日を線でつないで実行する期間を表します。こうすると、**線が並行しているところは同時に進行する作業**です。

　この表は、計画を作るときに書くだけで終わらず、**実行しながら更新**していきます。計画の線の下に、実際にはいつからいつまで行ったかを書き加えていけば、**進捗状況を確認**できます。全体に早く進んでいるのか、遅れ気味なのか、一目瞭然です。

　計画と実績を線で記入するときは、線の色を変えたり、かたちを変えて表現します。下記の表では、計画を点線、実績を実線で書いてあります。2-1 と 2-2 の項目が遅れているので、11 日のリハーサルに向けて資料の完成を急がなければならないことがわかります。

No.		前工程	開始日	終了日	担当者	1 2 3 4	休	7 8 9 10 11	休	14 15 16 17
1	**骨子を**		6/1	6/3		←------→				
1-1	事前				石田	←→				
1-2	課題	1-1			石田	←→				
1-3	スト	1-2			石田	←→				
1-4	作成	1-3			南	←→				
1-5	アドバ	1-4			南/石田	←→				
2	**資料を**		6/4	6/10				←-------→		
2-1	目次	1-5			石田			←-----→		
2-2	シス	1-5			技術部			←-----→		
2-3	技術	2-2			石田			←→		
2-4	作成	2-1〜3			南			←----→		
2-5	アドバ	2-4			南/石田			←-----→		
3	**発表準**		6/1	6/16		←------------------→				
3-1	お客				石田	←→				←→
3-2	お客				石田	←→				
3-3	配布	2-5			石田					←------→
3-4	発表	2-5			石田					←------→
3-5	前日に	3-1〜4			石田					←------→
4	**リハー**		6/1	6/16		←------------------→				
4-1	リハ				石田	←→				
4-2	リハ	2-5			関係者			←→		
4-3	アド	4-2			石田					←------→

(4) 優先順位を考える

綿密に立てた計画であっても、予定どおりいくとは限りません。また、他の仕事が割り込んでくることもあります。**急な変更や突発事項に対応する**には、日ごろから**優先順位の考え方を明確にする**ことと、**柔軟に考える**ことが必要です。

■ 優先順位の判断基準を明確にする

優先順位を考えるときは、以下の3つの観点で判断します。

- 緊急度
- 重要度
- 必要工数

仕事は、**納期を守る**ことが大変重要です。納期に遅れたら、まったく意味がなくなる場合もあります。原則として、**緊急度**が高いものを優先します。

緊急度が同じ程度だったら、**重要度**で判断します。後工程など他への**影響度合い**、それを行うことによって得られる**効果**、それを行わないことによる**損失**、会社の方針や部門の目標との関係、などが重要度を考えるヒントになります。

必要工数は、その仕事を行うのにどのくらい時間がかかるか？ということです。例えば、緊急度も重要度も同じ程度の仕事があって、一方は10分、もう一方は1日以上かかるとします。それなら、10分で終わるほうを先に片づけて後工程に渡してから、1日以上かかる仕事に取り組んだほうがよいでしょう。必ずしも短時間で終わるほうが先とは言えませんが、その日、**継続して集中できる時間がどの程度取れるか**によって考えます。丸1日取れないなら、1日かかる仕事はどちらにしても翌日に持ち越されるので、短時間で終わるほうを今日中に終わらせたほうがよいかもしれません。

なお、仕事の経験や知識不足から、緊急度や重要度の判断を間違うことはよくあります。**少しでも迷ったら上司とも相談して**、自分勝手に判断しないようにしましょう。

■ 優先順位の判断ミスに注意する

優先順位を決めるとき、陥りやすいミスは、以下のとおりです。

- ● **自分にとって重要なことを優先する**
- ● **興味があること、やりたいことを優先する**
- ● **簡単にできること、得意なことを優先する**
- ● **短時間でできることを優先する**

重要度は、あくまで組織にとっての重要度であり、自分の都合で「これが最も重要だ」と判断してはいけません。興味があること、やりたいことは、自分にとって楽しい仕事なので、つい優先順位が上がってしまいます。難しいことや苦手なことは誰でも敬遠したくなるので、簡単にできること、得意なことを優先しがちです。また、時間がかかることも面倒なので後回しにして、短時間でできることを優先しやすいものです。これは誰にでもある傾向ですから、**緊急度、重要度、必要工数の順で客観的に判断する**ように注意します。ただし、優先順位は低いが自分にとって楽しい仕事を、気分転換のために時間を限って行うなら効果的です。

■ 柔軟に考える

仕事をしていると、**緊急度の高い仕事が突然割り込んでくる**ことがあります。優秀な人ほど仕事が集中しますし、何もかもスケジュールどおりに行くことなどめったにありません。**気持ちに余裕を持って、柔軟に考える**ように努めてください。

なお、あなたに緊急の仕事を依頼する人が、あなたが今取り組んでいることをすべて把握しているとは限りません。どちらを優先したほうがよいか、確認してから引き受けましょう。特に、後から依頼されたことを優先すると他のスケジュールが遅れる場合、迷ったら勝手に判断せず上司に相談します。

「胆（たん）は大ならんことを欲し、心（しん）は小ならんことを欲す」（近思録）

朱子学の入門書ともいえる「近思録」にある言葉です。「物事を行うにあたっては、慎重に考え、細心の注意を払い、大胆に行動しなさい」という意味です。小心者というとネガティブな印象かもしれませんが、重要な判断をするときは、そのくらい熟慮が必要ということでしょう。よく「失敗を恐れず行動しよう」「チャレンジ精神を発揮しよう」といいますが、考えなしに突っ走るのは軽挙妄動というものです。大胆な行動の裏に、緻密な計画、細心の注意があってこそ、成功につながります。実行力と計画力、両方を兼ね備えて「大胆かつ小心」でありたいものです。

3. 実践

◆プロジェクトを通して計画力を強化するには◆
「プロジェクト体制を決めて、プロジェクト推進に必要な計画を立てよう」
- プロジェクト体制を決める　　　―体制図を書いて役割を決める
- プロジェクト計画を立てる　　　―具体的なアクション、実行順序、担当を決める
- プロジェクトの進捗を管理する　―誰が、いつ、どうやって行うのか決める

(1) プロジェクト体制を決める

　プロジェクトには、そのプロジェクト全体の責任者（**プロジェクトオーナー**）、責任者の指示のもとに実際の管理を行う**プロジェクトマネージャー**、**プロジェクトメンバー**がいます。大きなプロジェクトなら、作業（タスク）や役割によってチームを複数に分けて、それぞれに**タスクリーダー**を置く場合もあります。どういう体制で進めていくのか、誰がどういう役割なのか、体制図を作成するとわかりやすいでしょう。

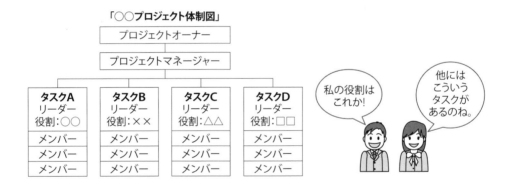

(2) プロジェクト計画を立てる

　プロジェクトを立ち上げて目的や目標が明確になったら、プロジェクト計画を立てます。現状分析が終わらないと具体的な対策やアクション項目までブレイクダウンできませんが、プロジェクトは終わりがある活動です。通常**いつまでに目標を達成するか**、納期は決まっているので、そこから**逆算して大まかなスケジュール**を決めましょう。例えば、具体的な対策やアクション項目の内容はわからなくても、いつごろまでには現状分析を終えて、いつごろ対策を立てて実行するのか、といった具合です。

プロジェクト計画で考えるのはスケジュールだけではありません。例えば、以下のような項目について、計画を立てる必要があります。

- **プロジェクトの対象範囲（やること、やらないこと）**
- **プロジェクトにかかるコスト（どのくらいお金がかかるか）**
- **プロジェクトの成果の品質（どういうレベルまでやるのか）**
- **プロジェクトメンバー（どういうメンバーが必要か、どういう協力者が必要か）**
- **コミュニケーション（誰に、何を、いつ、どうやって情報共有するか）**
- **リスク（プロジェクトを進めるにあたって心配事があるか、予防や対処方法）**

プロジェクトの大小に関わらず特に重要なのは、コミュニケーションの計画です。プロジェクトの進捗や起きている問題について適切なメンバーで情報共有しながら進めたり、適切なタイミングでプロジェクトオーナーに報告して判断を仰ぐなど、プロジェクトを計画どおりに進める基本となるからです。

（3）プロジェクトの進捗を管理する

計画は、実行してこそ意味があります。計画力のある人は、**優れた計画を立てられる**だけでなく、**進捗確認と遅れへの対応もしっかりできる**人です。進捗確認は計画に沿って行いますので、以下のようなチェックポイントが考えられます。

- **スケジュールに遅れがないか？**
- **プロジェクトの対象範囲は守られているか？**
  - → 当初予定していなかったアクションがむやみに増えている場合は注意
- **予算オーバーしていないか？**
  - → 現時点では予算内でも、最終的に予算オーバーする恐れがあれば注意
- **品質は予定どおりか？**
  - → スケジュールやコストは計画どおりでも品質が低いなら×
- **プロジェクトメンバーの人数や能力は適切か？**
  - → 人数が足りなくても多すぎても×　必要最小限の人数でできれば効率的
- **報告や情報共有は計画どおり実施できているか？**
  - → 計画どおり実施していても、大量の資料作成や必要以上のメンバーによる会議に注意
- **想定外のリスクがないか？**
  - → 心配事があっても適切に対応できれば○　対応に困っていることはないか？

4. 振り返り

1. **計画力**の発揮について、現在の自分を振り返りましょう。

   これまで経験した具体的なエピソードがあれば、挙げてください。

2. あなたが**計画力**を発揮できないとしたら、それはどういうときですか？

   何が**計画力**の発揮を妨げるのか、考えましょう。

3. 自分の**計画力**を強化するためには、何をしたらよいと思いますか？

   日々の活動のなかで、今日から実行することを考えましょう。

第 **8** 章 ## 考え抜く力(3)
　　　－創造力－

新しい価値を生み出す力

　創造力とは、新しい価値を生み出す力です。変化の激しいビジネス環境において、今までのやり方を着実に続けるだけでは通用しません。自分で創意工夫し、実践し、新しい価値を生み出せる人が求められています。アイデアは、何もないところに突然降って湧いてくるわけではありません。日ごろから問題意識や好奇心を持って情報収集したり多くのことを学んで、自分の引き出しを増やし、自分なりの工夫ができるようになりましょう。

講義の流れ

1.導入

　講義の目的を確認し、ケースを読みます。

　事前チェックシートに記入します。

　チェック結果とケースに基づき、意見交換します。

2.講義

（1）なぜ創造力が求められるのか？

（2）好奇心と問題意識を持って情報収集する

（3）必要な専門知識を学んで引き出しを増やす

（4）自分なりの工夫を考える

3.実践

（1）プロジェクトに必要な知識を学ぶ

（2）アイデアを積極的に出し合う

4.振り返り

　振り返りシートに記入します。

　振り返りシートに基づき、意見交換します。

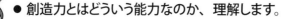
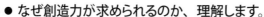

1. 導入

(1) ケース「今までどおりで本当にいいの？」

レイコとケンジの大学では、地域社会との交流を深めるさまざまなイベントを行っています。大学が行う公開講座などの恒例イベントに加えて、在校生による実行委員会でも企画を考えます。2人は実行委員に選ばれ、委員会の前にあれこれ相談しています。

ケンジ：あ〜あ。なんでオレまで巻き込むんだよ。
レイコ：いいじゃない。おもしろそう！どんな企画がいいかなあ。
ケンジ：先輩に聞いてみたんだけど、これまではバザーが多いみたい。
　　　　フリーマーケットみたいなもんだよ。売上を寄付するんだって。
レイコ：なんだかんだ言ってるわりには、ちゃんと調べたのね。
ケンジ：まあね。バザーでいいよ。近くの住民も気軽に参加できるよ。
レイコ：ふーん。よくやっているなら、楽しみにしている人もいるかもね。
　　　　でも、新しい企画も考えたいな。
ケンジ：新しい企画って言ってもなあ…。いいよ、バザーで。
レイコ：実行委員に選ばれてから、注意してニュースやWebを見ているんだけど、企業も地域社会の一員として、いろんな社会貢献のイベントをしているのよ。NPOと協力してボランティア活動をしたり、複数の企業で連携して街の清掃をしたり、地域ぐるみで電気を消す日を決めて節電したり。おもしろいイベントがたくさんあるの。参考になるんじゃない？
ケンジ：ふーん。知らなかった。
レイコ：地域社会との交流という意味で、
　　　　子供たちに楽しんでもらうイベントもいいな。
　　　　科学の実験教室や職業体験ができる
　　　　テーマパークとかあるじゃない？大学でも何かできそう。
ケンジ：学内でスタンプラリーとかは？
　　　　子供のころやったな〜。
レイコ：やる気出てきた!?

「これまではこうやっていたから」という理由で、安易に同じ方法を繰り返していたのでは進歩がありません。課題発見力の章にもあるように、もっと**効果的**にやろう、もっと**効率的**にやろう、という志と努力が進歩をもたらします。現状を改善するだけでなく、まったく新しい価値を生み出すには、**今までのやり方にとらわれない**ことです。

　ケンジとレイコは、地域社会との交流イベントの実行委員に選ばれて企画を考えています。過去の事例を調べて例年どおりでいいと考えたケンジ、世の中のトレンドや企業の活動について調べて新しいアイデアを探し始めたレイコ、2人の取り組み姿勢は違いますね。**創造力を発揮する**とはどういうことなのか、考えてみましょう。

（2）事前チェックとディスカッション

1.あなたの創造力について、Yes/No で事前チェックしましょう（チェック結果については P142 の「チェックシート活用」を参照）　。

【創造力チェックシート：A】

好奇心が強く、世の中のトレンドに敏感なほうだ	Yes　No
日ごろから、問題意識を持って情報収集しているほうだ	Yes　No
今までのやり方にとらわれず、もっとよいやり方に挑戦したい	Yes　No
新しいことをするために必要な専門知識は、進んで学習する	Yes　No
言われたとおりやるより、自分なりの創意工夫をしたい	Yes　No

【創造力チェックシート：B】

世の中のトレンドにはあまり興味がない	Yes　No
日ごろから、あまり積極的に情報収集していない	Yes　No
今までのやり方を変えるのは面倒だ	Yes　No
今まで学んだことがない専門知識が必要なら、あきらめることが多い	Yes　No
言われたとおりに、コツコツやるほうが性に合っている	Yes　No

2.前述のケースを読んで、あなたはどう思いましたか？書き出しましょう。

　● ケンジやレイコの言動について、どう思いましたか？

　● あなたなら、どうしますか？

3.上記の 2. で書き出したことをグループ内で意見交換し、ケンジとレイコのよかった点、悪かった点について、グループの考えをまとめましょう。

2. 講義

◆創造力とは◆
「新しい価値を生み出す力」
- 好奇心と問題意識を持って情報収集する
- 必要な専門知識を学んで引き出しを増やす
- 自分なりの工夫を考える

キーワード
✓ トレンドに敏感ですか？
✓ 情報収集する工夫を何かしていますか？
✓ 専門以外の勉強をしていますか？
✓ 変革マインド！

(1) なぜ創造力が求められるのか？

　創造力とは、**新しい価値を生み出す力**です。創造力が足りない人は、自分で工夫する志と努力が足りないので、これまでのやり方を変えることができず進歩がありません。「**これとこれを組み合わせれば、こんなことができる**」という応用が利かず、変化に対応できません。現在のビジネス環境は変化のスピードが激しく、それに対応できる企業だけが生き残る厳しい時代です。言われたことを着実に行うだけでなく、新しい知識やスキルを学び続け、自分で考えて工夫して、変化に対応していく人が求められています。

　創造力が、考え抜く力のひとつとして位置づけられているのは、新しい価値を生み出すには、**さまざまなことを学び**、それを**自分の頭でよく考えて組み合わせたり応用したりする**ことが必要だからです。ひらめき、アイデアは、何も考えずに突然思いつくわけではありません。考え抜いた結果、生み出されるのです。

(2) 好奇心と問題意識を持って情報収集する

　創造力を養うには、**考える材料になる情報を集める習慣をつける**ことから始めます。世の中には情報が溢れています。深く考えずにいると、私たちの周りを素通りしていきますが、その気になれば、新しい価値を生み出すために参考になる情報がたくさんみつかるでしょう。「さあ、調査するぞ！」と意気込んだときだけ情報収集するのではなく、日ごろから自分が取り組んでいることに関連して、**好奇心**と**問題意識**を持ち続けていると、素通りしていた情報が違って見えます。

好奇心と問題意識を持っていると、情報が違って見える

(3) 必要な専門知識を学んで引き出しを増やす

　今までのやり方を変えようと思ったら、学んだことがない**専門知識**や**スキル**が必要な場合もあります。専門外だから、知識がないから、といって尻込みしていたら前に進めません。自分で勉強して身に付けたり、専門家の力を借りるなどして、**自分の引き出しを増やしていく努力**が必要です。例えば、今まで手作業でやっていたことを、パソコンを使えば効率化できる、モバイル端末を使えばガラッとやり方を変えられそう、というときに「苦手だから」とあきらめないことです。

(4) 自分なりの工夫を考える

　日ごろから情報収集したり、必要な専門知識やスキルを積極的に学んで**自分の引き出しを増やす努力**をしていると、それらを組み合わせたり応用して新しいチャレンジができるようになります。**引き出しが多いほど、アイデアの幅も広がります**。これは、若いときだけでなくいくつになっても言えることです。常に新しい引き出しを追加し続け、進化する人になりたいものです。

守破離（しゅはり）（世阿弥）

　守破離（修破離と書く説もあります）とは、室町時代に能を作り上げたとされる観阿弥・世阿弥親子が使った芸能の極意を表す言葉です。芸能だけでなく、何かを極めようとするときに同じことがいえるとして、剣道など武道においても広く使われており、ビジネスにも応用できます。

　守（修）　師の教えに忠実に基本をしっかり学んで身に付けること
　破　　　　師から学んだことを自分なりに工夫して改善すること
　離　　　　師から学んだことを超えて、自分自身が創り上げる新たな境地に到達すること

　何をするにも基本をしっかり学ぶことが前提になります。思いつきで新しい工夫をしようとしても通用しません。また、いつまでも守の段階のままでは、新しい境地には向かえないのです。今取り組んでいることに対して、自分はどの段階にいるのか、考えてみるとよいでしょう。

3. 実践

◆プロジェクトを通して創造力を強化するには◆

「必要な知識を学んでレベルアップしながら、アイデアを積極的に出し合おう」

- ●プロジェクトに必要な知識を学ぶ　－よいアイデアを出すには情報収集！
- ●アイデアを積極的に出し合う　　　－話しやすい場作り、活性化する手法活用

(1) プロジェクトに必要な知識を学ぶ

　プロジェクトメンバーは、プロジェクトに必要な知識・スキル・マインド、経験などをある程度持っている人を選ぶのが理想です。「この役割はこういう能力や経験が必要だ」という条件に対して、「この人はこういう能力や経験があるから適している」とマッチングして人材を揃えることができれば、プロジェクトが円滑に進みます。しかし、実際には人材のレベルにはバラツキがあり、**不足している知識を学びながらプロジェクトの現場で経験を積む**という人も多いでしょう。不足したままにしていたら迷惑をかけますが、役割を果たすために背伸びして一生懸命学べば短期間でのレベルアップにつながります。

　ある程度知識や経験がある人でも、**最新動向を調べたり専門知識をさらに強化する**など、学びは大切です。創造力を発揮して新しい価値を生み出すには、その材料をたくさん仕入れる必要があるからです。

　プロジェクトメンバーになったら、例えば、次のような情報収集や知識強化を心がけましょう。ポイントは**信頼できる情報ソースを選ぶ**こと、**情報を鵜呑みにせず複数の情報ソースをチェック**することです。

- ●信頼できる Web サイトをいくつか選んで定期的にチェックする
- ●信頼できるメールマガジンにキーワードを登録して、情報を自動的に受け取る
- ●検索サービスの機能を活用して、キーワードに関連する情報を自動的に受け取る
- ●RSS リーダーを使って、キーワードに関連する情報を自動的に受け取る
- ●SNS で信頼できる専門家を何人かフォローして情報を得る
- ●必要な知識が得られる専門誌を定期購読する
- ●プロジェクトメンバー有志で自主勉強会を企画・参加する
- ●プロジェクトメンバー向けの研修を企画・参加する

　検索サービスの機能には、キーワードに関する最新情報をメールなどで受け取れる Google アラートなどがあります。RSS リーダーは、さまざまな Web サイトの新着・更新情報を自動的に取得して閲覧できるツールです。キーワードにマッチする情報を自動的に取得できるようにしておくと効率的です。

必要な情報を自動的に受け取る工夫

　近年、情報収集の手段は多様化するとともに、生成AI技術によって検索サービスも大いに進化しています。有効な情報を効率的に収集するために、自分に合った方法を積極的に取り入れるとよいでしょう。ここでは、検索サービスの機能例としてGoogleアラート、RSSリーダーの例としてInoreaderを紹介します。

【Googleアラート】

　Googleには、特定のキーワードに関する最新の情報をメールなどで受け取れる「Googleアラート」という無料で利用できるサービスがあります。設定したキーワードに関する最新情報を自動的に取得できます。設定するには、Googleアカウントでログインして、Googleアラートにアクセスします。

　https://www.google.co.jp/alerts

　キーワードを入力すると［オプションを表示］が表示されるので、クリックして配信に関するオプションを設定して［アラートを作成］をクリックします。

　［配信先］をメールアドレスにすると、指定したメールアドレスに指定した頻度で情報が自動的に配信されます。

【Inoreader（RSSリーダー）】

RSS（Rich Site Summary）リーダーは、さまざまなWebサイトの新着・更新情報を自動的に取得して閲覧できるツールです。20年以上前から使用されている技術ですが、大量の情報にさらされている現代では「自分が欲しい情報を効率的に収集する」ニーズは益々高まっているので、現在も広く活用されています。

RSSリーダーを使うと、ひとつの画面から自分が興味にある複数サイトの情報をまとめて閲覧できるので効率的です。チェックしたいWebサイトのRSSフィード（新着・更新情報を取得するための情報）をRSSリーダーに登録しておくと、RSSリーダーの画面に新着・更新情報がリストアップされます。パソコンでも使用できますが、スマートフォンなどのアプリのほうが好きなときにチェックしやすいので便利でしょう。

Inoreaderは、日本語に対応しているRSSリーダーのひとつです。無償版と有償版があります。Googleアラートと連携できるのも便利な点で、Googleアラートで指定したキーワードにマッチする記事をInoreaderから閲覧できます。基本的な使い方は以下のとおりです（iOS版アプリの場合）。

①Inoreaderを起動して［探す］をタップして検索画面を表示します。
②ウォッチしたいサイトなどを検索して指定します。Googleアラートと連携する場合は、［探す］の検索ボックス内にGoogleアラートのフィードを貼り付けます（Googleアラート作成時に配信先を［RSSフィード］にしてリンクをコピーします）。
③指定できたら、［全ての記事］をタップすると該当する記事が表示されます。

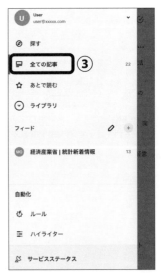

（2）アイデアを積極的に出し合う

　アイデア出しをするときは、これまでの慣習や制約条件をいったん忘れて、白紙の状態からスタートします。これを**ゼロベース思考**と呼びます。「今まではこうだったから」「この制約条件は絶対はずせないから」と言っていたのでは、よいアイデアは浮かびません。また、一人で考えるより、プロジェクトメンバーでディスカッションしたほうがお互いに刺激を受けて多くのアイデアが引き出せるでしょう。

■ ディスカッションする場を工夫する

　プロジェクトメンバーが**自由に発想して話しやすい雰囲気を作る**ために、ディスカッションする場を変えるのも効果的です。いつもの四角い机の会議室ではなく、丸テーブルのカフェコーナーを使うとか、外部の会議室を借りて日常から完全に切り離すなど、**リラックスしてアイデア出しに専念できる環境**を作ります。

■ ディスカッションする手法を工夫する

　ディスカッションする手法はさまざまなので、いつもと違う場作りのために色々取り入れてみてもよいでしょう。P51 の **KJ 法**のほか、大人数を複数チームに分けてディスカッションするなら**ワールドカフェ方式**もよく使われます。ワールドカフェ方式の概要は次のとおりです。

- 1チーム数名に分けて、テーマについて一定時間話し合う
  話した内容は模造紙やホワイトボードなどに書きとめる
- 1チーム1名を残して他のメンバーをシャッフルし、ディスカッションを続ける
  シャッフル前のメンバーで話し合ったことは残った1名が説明する
- シャッフルを何度か繰り返してアイデアを広げていく
- 最後に各チームの成果物（模造紙やホワイトボードの内容）を発表し合う

「人間は考える葦（あし）である」（パスカル）

　17世紀の哲学者、数学者、物理学者であるパスカルの著書『パンセ』にある言葉です。これは、「人間は葦のように弱い存在で、ときには運命に押し流されたり翻弄されるが、考えることができるのがすばらしい点だ」という意味です。考えるという機能がついているのは、限られた種だけです。人間のように深く思索できる動物はいないでしょう。このすばらしい機能を十分使わないのは、実にもったいない話です。

　仕事でも人生でも、何かを成そうとするときや壁に当たったときに、何が問題なのか、どうあるべきなのか、どうしたら解決できるのか、とことん考えられるのは人間の特権なのです。本当に考え抜いたと胸を張っていえるところまで考えたかと自分に聞いてみて「まだまだ」と思うなら、もうひとがんばりです。せっかくの「考える」機能、フル活用しましょう。

4. 振り返り

1. **創造力**の発揮について、現在の自分を振り返りましょう。
   これまで経験した具体的なエピソードがあれば、挙げてください。

2. あなたが**創造力**を発揮できないとしたら、それはどういうときですか？
   何が**創造力**の発揮を妨げるのか、考えましょう。

3. 自分の**創造力**を強化するためには、何をしたらよいと思いますか？
   日々の活動のなかで、今日から実行することを考えましょう。

第**9**章 チームで働く力（1）
ー発信力ー

自分の意見を
わかりやすく伝える力

　発信力とは、自分の意見をわかりやすく伝える力です。人と協力して仕事を進めるには、コミュニケーションが大切です。上司や先輩への報連相（報告・連絡・相談）、会議など、仕事ではさまざまなシーンで自分の意見をわかりやすく伝える力が求められます。仕事を円滑に進めるために、自分から積極的に情報発信し、受け手の理解と納得を得る方法を学びましょう。

講義の流れ

1.導入

　講義の目的を確認し、ケースを読みます。

　事前チェックシートに記入します。

　チェック結果とケースに基づき、意見交換します。

2.講義

（1）なぜ発信力が求められるのか？

（2）正確・簡潔・わかりやすく伝える

（3）タイムリーに伝える

（4）受け手の理解を確認する

（5）さまざまな発信手段を使い分ける

3.実践

（1）プロジェクトの報連相を徹底する

4.振り返り

　振り返りシートに記入します。

　振り返りシートに基づき、意見交換します。

| 目的 | 発信力について理解し、その強化方法を学びます。 |

- 発信力とはどういう能力なのか、理解します。
- なぜ発信力が求められるのか、理解します。
- 発信力を強化するには、どう考えどう行動したらよいか、理解します。

1. 導入

(1) ケース「相手に伝わってこそ意味がある」

技術部の滝沢部長が、入社2年目の有岡さんを呼んでいます。

滝沢部長：有岡さん、トラブル報告書の件で今いいですか？

有岡　　：はい、何でしょうか？

滝沢部長：報告書読んだけど、トラブルの原因は何だったの？

有岡　　：それがもうひどかったんですよ。システムが動かないって大変な剣幕でご連絡があり、電話で状況確認した際には原因がわからなかったんですが、現地に行ってチェックしたらハードウェアのトラブルはないし、何かおかしいんです。それで、まさかと思ってソフトウェアの設定をすべて確認したら、間違っている部分が見つかって…。

滝沢部長：そう。つまりソフトウェアの設定ミスだったのね？
　　　　　うちのエンジニアが設定したの？

有岡　　：それが、前回エンジニアが訪問したのはハードウェアトラブルがあった3か月前なんですが、その後は特に問題なく動いているんです。どうも、先週お客様のほうで他の設定を変更したときに間違ったようです。はっきりしたことはわかりませんが、お客様はそう思われたようです。

滝沢部長：そうなの。報告書には、トラブル原因や、そういう経緯を整理して書いてね。
　　　　　で、トラブル対処は問題なく完了したんですか？

有岡　　：はい、お客様も原因は自社にあると思われたようで、
　　　　　最後は申し訳なさそうにしていました。
　　　　　設定を修正したら、正常に動きました。

滝沢部長：それで「お客様は大変お怒りでしたが、
　　　　　最後は感謝されていました」って書いたのね。

有岡　　：はい！

滝沢部長：返事はいいんだけど、報告書は書き直し！

有岡　　：はい…。

口頭でも、文書でも、**正確・簡潔・わかりやすく伝える**のがビジネスコミュニケーションの基本です。結論を先に述べずに、ダラダラと経緯を説明したり、自分の感想や意見を話していたら、受け手は「つまり、どういうことなんだ？」と言いたくなるでしょう。

　滝沢部長は、有岡さんの報告書がわかりにくいので質問しています。その質問内容を見ると、有岡さんの報告書には重要なポイントが記載されていないようです。**読み手にとって必要な情報は何か**、伝えるべきポイントをよく考えて記載していれば、報告書を読むだけで済んでいたはずです。どうしたらわかりやすく伝わるのか、考えてみましょう。

（2）事前チェックとディスカッション

1. あなたの発信力について、Yes/No で事前チェックしましょう（チェック結果については P142 の「チェックシート活用」を参照）。

【発信力チェックシート：A】

事実を伝えるとき、固有名詞、数字は確認して正確に伝える	Yes	No
何か説明するとき、結論を先、根拠・経緯・補足は後にしている	Yes	No
何か説明するとき、受け手の状況を確認したうえでタイムリーに伝える 　例：緊急でなければ、受け手に余裕がないときには無理に伝えない	Yes	No
何かを伝えたら、受け手が本当に理解したか、何らかの方法で確認する	Yes	No
話の内容によって、面談、電話、メール、文書など手段を使い分ける	Yes	No

【発信力チェックシート：B】

事実を伝えるとき、固有名詞、数字を確認せず間違えることがある	Yes	No
何かを説明するとき、順序は意識していない	Yes	No
何かを説明するとき、受け手の都合よりも、早く伝えることを優先する	Yes	No
受け手が本当に理解したか、特に確認はしない	Yes	No
話の内容がどうであれ、原則メールを使う	Yes	No

2. 前述のケースを読んで、あなたはどう思いましたか？書き出しましょう。
   - 有岡さんの言動について、どう思いましたか？
   - あなたなら、トラブル報告書に何をどのように書きますか？

3. 上記の 2. で書き出したことをグループ内で意見交換し、このケースで報告すべき項目ついて、グループの考えをまとめましょう。

第9章　チームで働く力（1）－発信力－　77

2. 講義

◆**発信力とは**◆

「自分の意見をわかりやすく伝える力」

- 正確・簡潔・わかりやすく伝える
- タイムリーに伝える
- 受け手の理解を確認する
- さまざまな発信手段を使い分ける

キーワード

- ✓ そのデータは正確ですか？
- ✓ 結論は何ですか？
- ✓ 相手の気持ちを考えて伝えた？
- ✓ 伝わっているか確認した？
- ✓ それ、メールで大丈夫？

（1）なぜ発信力が求められるのか？

　発信力とは、**自分の意見をわかりやすく伝える力**です。発信力が足りない人は、周囲の人とのコミュニケーションが不十分なため、自分の考えに対して理解や納得が得られず、協力して仕事を進めるのが難しくなります。説明したつもりなのに伝わっていなかった、わかっていると思って進めていたら誤解があった、ということが起きると、やり直しが発生するなど進捗が遅れる恐れがあります。理解を得られないうちに無理に進めようとすると、チームワークが乱れるでしょう。多様な人々と協力しながら円滑に仕事を行うには、**自分の意見をわかりやすく伝えて、伝わったかどうか確認しながら進める**ことが求められます。

（2）正確・簡潔・わかりやすく伝える

　報連相（報告・連絡・相談）でも、**会議で発言**するときでも、それらを文書やメールに書くときでも、共通して言えることは「**正確・簡潔・わかりやすい**」です。

■ 正確に伝える

　記載されている情報が正確であることは、最も重要です。内容に間違いがあったら信用を失います。正確に伝えるには、以下のポイントに注意します。

- **固有名詞を正確に伝える**　例：会社名、氏名、地名、商品名など
- **数字を正確に伝える**　　　例：金額、年月日、電話番号
- **正式名称を使う**　　　　　例：× ABC（株）　　○ ABC 株式会社
- **表現を統一する**　　　　　例：×教育、研修、セミナーなど混在
　　　　　　　　　　　　　　　（ただし、意味の違いを定義して使うならよい）

78　社会人基礎力講座　第3版

固有名詞、数字は要注意です。契約書で契約条件に記載ミスがあったり、見積書で見積金額が間違っていたのでは、文書の役割を果たさないばかりか、会社に損害を与える恐れもあります。会社名を略称にするなど正式名称を使わないのも、正式な場にはそぐわない方法です。少なくとも、**文書で提出する場合は、相手の会社も自社も正式名称**を使いましょう。電子メールでも、初めてメールする相手やお客様には、会社名は正式名称、氏名はフルネームで記載します。また、同じことを複数の言葉で記載すると混乱するので、**表現の統一**も注意します。

■ 簡潔に伝える

変化の激しいビジネス環境のなかでは、短時間で判断が求められることが少なくありません。**受け手の理解や納得、意思決定のスピードを速める**ためには、簡潔に伝えます。

簡潔に伝えるには、以下のポイントに注意します。

- **短文で区切る**　〜なので、〜ですが、など接続助詞で文章をつなげない
- **結論が先**　　　原則として、根拠・経緯・補足は後から話す

一文が長いと、意味を把握するのに時間がかかります。目安は、長くても 80 文字以内、できれば 50 文字以内が適切です。また、**結論が先、根拠・経緯・補足などは後**にするのも、簡潔に伝えるポイントです。口頭で伝えるときも、話す順序に注意し、受け手の立場で考えて不要な情報をダラダラ話さないようにしましょう。

■ わかりやすく伝える

理解・納得してもらうには、受け手にとってわかりやすい工夫が必要です。以下のポイントに注意します。

- **専門用語を多用しない**　一般的な用語に置き換えるか、説明を加える
- **略語は正式名称を書く**　フルスペルや正式名称を資料に明記する
- **ロジカルな構造で伝える**　話の流れを書きだして整理してみる
- **根拠を明確に示す**　　　正確な事実と、客観的で信憑性の高い判断基準を示す

難しい**専門用語**や意味のわからない**略語**があると、それだけで話を聞く気持ちが萎えるものです。できるだけわかりやすい言葉を使いましょう。ストーリー構成も、シンプルに整理して、誰が聞いても流れがわかるようにします。例えば、「今日は○○についてお話します。ポイントが 3 つあります。1 つ目は…、2 つ目は…、3 つ目は…」と宣言してから、それぞれを順番に話すという方法があります。

第9章　チームで働く力（1）－発信力－　79

納得してもらうには、**根拠を明確に示す**ことが重要です。「○○は××です」と結論を言われても、それを裏付ける根拠があいまいだったら納得できません。根拠は、**事実と判断基準**を示します。**事実**だけでは、どう結論に結び付くのか、わからない場合があります。例えば、「今年度、新規事業は確実な立ち上がりをみせた」といっても、具体的な売上高、利益などのデータを示さなければわかりませんし、「100億円の売上高、10億円の利益を上げた」と**事実**をデータで示しても、**判断基準**がないと多いのか少ないのかわかりません。事業目標に対してどうだったのか、競合他社と比べてどうなのか、など受け手が納得する**判断基準**が必要です。

(3) タイムリーに伝える

報告・連絡・相談は、**伝えるタイミング**も重要です。人とのコミュニケーションは、こちらから情報発信さえすればよいというものではありません。受け手にとって役に立つ、適切なタイミングを考えます。

■ 緊急なら歩きながらでも伝える

緊急性が高い情報であれば、どういう手段であれ、早く伝えることを最優先します。

チャットのようにリアルタイムで連絡できる手段のほか、立ち話や歩きながらでも、相手を捕まえて話す場合もあります。「重要なことだから報告書をまとめて…」「今、忙しそうだから…」といっているとタイミングを逸します。

■ 急がないなら受け手の状況に合わせる

急ぎでなければ、受け手が落ち着いて聞けるときに伝える場合もあります。他の仕事やトラブルで頭がいっぱいのときや、まさに出かけようとしているときなどは、緊急性の低い情報を伝えても頭に残らないことが多いからです。

(4) 受け手の理解を確認する

自分ではしっかり伝えたつもりでも、理解されていなかったということはよくあります。受け手の問題もありますが、伝える側にも責任があります。**自分が伝えたことが確実に伝わったか、相手にどう受け止められたのか**、よく考えてみましょう。

（5）さまざまな発信手段を使い分ける

コミュニケーションの手段は、ひとつではありません。**面談**、**電話**、**メール**、**チャット**、**文書**など、その場に合った手段を選択したり、組み合わせて使います。

■ 状況に合わせて手段を選ぶ

手段によって、適しているケースが違います。目安は以下のとおりです。

手段	適しているケース
面談	重要な用件 クレーム対応やお詫びなど、誠意を見せる必要がある用件 相手の反応を見ながら直接話したい用件 （誠意を見せる必要がある場合を除いて、相手が許容するならオンライン面談も可）
電話	緊急な用件 相手の反応を聞きながら直接話したい用件 口頭で伝えるだけで済む軽微な用件 相手が電話でないとつかまらない場合（メールを見てもらえるかどうかわからない） 相手がメールより電話のほうが丁寧だと受け取るタイプの場合
メール	比較的簡単な用件 口頭説明では伝わりにくい複雑な内容の用件 やり取りの履歴を残したい場合 相手が面談や電話よりメールのほうがよいと思うタイプの場合
チャット SNSなどの メッセージ	緊急な用件、比較的簡単な用件 リアルタイムにすぐ対話したい用件 会議中や外出先など周囲の状況で声が出せない場合（電話やオンライン面談ができない場合） やり取りの履歴を残したい場合
文書	重要な用件 正式文書で記録を残す必要がある場合

■ 複数手段を組み合わせる

手段は組み合わせて使います。重要な用件であれば、電話して面談の約束を取り、事前にメールで詳しい情報を送り、重要な伝達事項は正式な文書として作成して当日持参する、といった具合です。簡単な用件であれば、チャットやメールだけで済ます場合もあります。リアルタイムで関係者とスピーディに対話するならチャットが便利です。電話は声のトーンで相手の様子がわかるので、感触を知りたい場合は有効です。相手や用件によって、適切な方法をよく考えましょう。

3. 実践

> ◆プロジェクトを通して発信力を強化するには◆
> 「プロジェクトの報連相を徹底して、積極的に情報共有・情報発信しよう」
> ● プロジェクトの報連相を徹底する　－計画に沿った定期報告
> 　　　　　　　　　　　　　　　　　－問題が起きた場合の迅速な報告と相談

(1) プロジェクトの報連相を徹底する

　プロジェクトのさまざまな場面で積極的に発言し、相手にとってわかりやすく伝える工夫をして、プロジェクトメンバーの一員として貢献するのはもちろんですが、**報連相の徹底はプロジェクトの円滑な推進の基本**です。プロジェクトの計画段階で決めたコミュニケーション計画に基づいて、プロジェクトオーナー、プロジェクトマネージャー、プロジェクトメンバーへの報連相をしっかり行いましょう。

■ プロジェクトオーナーへの報告

　プロジェクトオーナーは、プロジェクト全体の責任者です。テーマを決めてプロジェクトの立ち上げを指示したり、最終的に目指す目的・目標・納期を決めたり、プロジェクトマネージャーや主要なプロジェクトメンバーの選出にも関わったりしますが、細かい実行方法や計画を立てるのはプロジェクトマネージャーやプロジェクトメンバーの仕事です。プロジェクトオーナーには、プロジェクトを立ち上げるとき、計画ができたとき、中間報告、終了するときなど、**要所要所で進捗を報告して方向性を確認**しながら進めます。

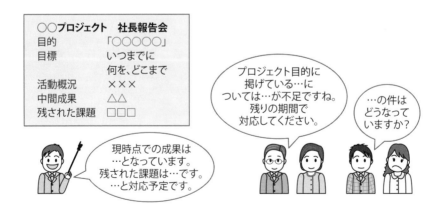

■ プロジェクトマネージャーへの報連相

　プロジェクトの具体的な活動に関する報連相は、プロジェクトマネージャーやリーダーに対して行います。**月報会や月報提出など定期的な報告の場を設ける**のが多いですが、大きなプロジェクトになると進捗管理が煩雑になるので、プロジェクトマネジメントを支援するソフトウェアを使って**進捗を常に共有して報告業務をスピーディに効率的に行う**方法もあります。自分が参加しているプロジェクトの報連相の方法をよく確認し、**納期を守って正確・簡潔・わかりやすい報告**を心がけましょう。

■ プロジェクトメンバー同士のコミュニケーション

　プロジェクトに限らず、チームで何かをするときはメンバー同士のコミュニケーションは欠かせません。プロジェクトで決められた報連相のタイミングに関わらず、日ごろから積極的にコミュニケーションしましょう。

- あいさつ、声かけを心がける
- グループウェア、チャット、SNS（LINEなど）でグループを作って情報共有する
- ミーティングでは必ず発言する
- 報告書やメールを送りっぱなしにせず、相手が読んで理解したか、確認する
- 自分の担当外でも、気が付いたことがあったら伝える

人の己れを知らざるを患えず（うれえず）、人を知らざるを患う。（論語、孔子）

　人が自分のことをわかってくれないと嘆くより、人のことを認められない自分を心配しなさい、という孔子の教えです。自分の考えを人にわかりやすく伝えるのは大切ですが、一方的にわかってもらいたい、認めてもらいたいと、必死になるのは違うということです。発信力も、相手を認め、理解してこそ発揮される力です。まず相手をよく知ろうとする素直な心を持ちたいものです。

第9章　チームで働く力（1）－発信力－

4. 振り返り

1.**発信力**の発揮について、現在の自分を振り返りましょう。

これまで経験した具体的なエピソードがあれば、挙げてください。

2.あなたが**発信力**を発揮できないとしたら、それはどういうときですか？

何が**発信力**の発揮を妨げるのか、考えましょう。

3.自分の**発信力**を強化するためには、何をしたらよいと思いますか？

日々の活動のなかで、今日から実行することを考えましょう。

第 **10** 章 チームで働く力(2)
－傾聴力－

相手の意見を丁寧に聴く力

　傾聴力とは、相手の意見を丁寧に聴く力です。自分の意見を一方的に伝えるだけではコミュニケーションは成立しません。相手の話に耳を傾け、素直な心で聴き、その考えと気持ちを理解しようと努めることが、丁寧に聴くということです。お互いが、傾聴力を発揮してコミュニケーションすることで、深い理解と信頼によるチームワークが生まれるでしょう。

講義の流れ

1.導入

　講義の目的を確認し、ケースを読みます。

　事前チェックシートに記入します。

　チェック結果とケースに基づき、意見交換します。

2.講義

　(1) なぜ傾聴力が求められるのか?

　(2) 素直な心で聴く

　(3) アクティブリスニングを心がける

　(4) 質問を工夫して話を引き出す

3.実践

　(1) プロジェクトの議事録を作成する

4.振り返り

　振り返りシートに記入します。

　振り返りシートに基づき、意見交換します。

| 目的 | 傾聴力について理解し、その強化方法を学びます。 |

- 傾聴力とはどういう能力なのか、理解します。
- なぜ傾聴力が求められるのか、理解します。
- 傾聴力を強化するには、どう考えどう行動したらよいか、理解します。

1. 導入

(1) ケース「私の話、聞いてる？」

　リカは、授業で取り組んでいるチーム研究の進め方について、メンバーと話し合っています。ユウ、サキは、それぞれ意見が違うようです。

リカ ： 今日は、チーム研究の進め方について話したくて集まってもらったの。
　　　　この間は、みんなで進め方を変えようって話したけど、
　　　　先生に相談したら、もう少しがんばってみたら？って言われて。どう思う？
ユウ ： うーん。そう言われるとね…。実際、ほとんど何もしてないしね。
　　　　企業訪問とかしたことないから、具体的に何から始めたらいいか考えているうちにハードル上がっちゃったんだよね。
リカ ： そうなの。でもやってみないうちにあきらめてたら、何もできないじゃない？
　　　　先生からも…
サキ ： でもさぁ、この間決めたよね？インターネットを使ってリサーチすればいいって。
　　　　私は別に面倒になったから言ってるんじゃないよ。
　　　　よく考えてみたら、わざわざ足を運んで調べる必要ないでしょ？
　　　　それよりも、私、思うんだけど…
リカ ： ちょっと待って。足を運んで調べる必要ないとは言わなかったでしょ？
　　　　時間がなくなってきたから、短時間でリサーチする方法を考えてそう決めただけ。
　　　　でも、先生と話しているうちに本当は…
サキ ： 先生がなんて言ったか知らないけど、私は手分けしてインターネットで調べればいいと思うよ。分担考えてきたし、スケジュールを引き直して早くやろうよ。
　　　　ユウ！あなたの担当はね…
リカ ： サキ、勝手に決めないでくれる？！
　　　　最後まで話聞いてよ！
ユウ ： …ちょっと、2人とも！けんかしないでよ。
　　　　落ち着いて話し合おうよ。

自分の意見を伝えることは大切ですが、一方的に押し付けて相手の話を聞かなければ、まとまる話もまとまりません。リカは、チーム研究の進め方について話したいと思ってメンバーの２人を集めましたが、険悪な空気です。リカとサキの間で、ユウは困惑しています。**人の話を丁寧に聞く姿勢**がないと、２人のように平行線で話し合いになりません。円滑なコミュニケーションのために、どういう態度や言動によって人の話を聞いたらよいか、考えてみましょう。

(2)事前チェックとディスカッション

1.あなたの傾聴力について、Yes/No で事前チェックしましょう（チェック結果については P142 の「チェックシート活用」を参照）。

【傾聴力チェックシート：A】

人の話を聞くときは、聞くことに専念して、理解しようとしている	Yes	No
人の話を聞くときは、先入観なくできるだけ素直に聞こうとしている	Yes	No
アイコンタクト、表情など、言葉以外のリアクションをする	Yes	No
あいづちを打ったり、質問したり、言葉でのリアクションをする	Yes	No
人の話は原則さえぎらず、相手が話しやすい雰囲気作りをする	Yes	No

【傾聴力チェックシート：B】

人の話を聞きながら、それに対する自分の意見を考えていることが多い	Yes	No
人の話を聞きながら、つい一般論や過去の経験と比べて評価してしまう 　例：一般に○○は××なものだ…など最後まで聞かずに結論付ける	Yes	No
相手の目を見ない、無表情、腕組みなど、否定的な雰囲気になりやすい	Yes	No
あいづち、質問など、言葉でのリアクションが少ない	Yes	No
途中で人の話をさえぎることが多い	Yes	No

2.前述のケースを読んで、あなたはどう思いましたか？書き出しましょう。

- リカ、サキ、ユウの言動について、どう思いましたか？
- あなたがリカだったら、どう話したらよかったと思いますか？

3.上記の 2. で書き出したことをグループ内で意見交換し、リカはどのように話したらよかったか、グループの考えをまとめましょう。

2. 講義

◆傾聴力とは◆
「相手の意見を丁寧に聴く力」
- 素直な心で聴く
- アクティブリスニングを心がける
- 質問を工夫して話を引き出す

キーワード
- ✓ 聞くときは聞くことに専念しよう。
- ✓ あいづち上手になろう。
- ✓ リアクション、薄くない?
- ✓ 質問していますか?

(1)なぜ傾聴力が求められるのか?

　傾聴力とは、**相手の意見を丁寧に聴く力**です。傾聴力が足りない人は、相手の意見を理解できないばかりか、信頼関係を築くことができません。誰でも自分の話を真剣に聞かない人とは、一緒に仕事をしたいと思わないでしょう。**人の話を素直な心でよく聴き、先入観なく理解しようと努める**姿勢が相手に伝われば、たとえ意見が違ったとしても前向きに話し合うことができます。人の意見を丁寧に聴くことは、**信頼関係を築く第一歩**です。

(2)素直な心で聴く

　素直な心というのは、先入観にとらわれず、自分の主観で評価せず、白紙の状態で相手の話を聴く姿勢です。実際には、これは大変難しいことです。

■ 聴くことに専念する

　小さい子供と違って、大人になればなるほど、多くの知識や経験があって自分の考えを持っています。人の意見を聞くとき、どうしても「○○は××だから」という先入観を持ってしまったり、人の意見を聞き終わらないうちに自分の意見ばかり考えたり、反対だと思えばどう反論しようか考えたり、頭のなかを白紙にできません。「**まず相手の話に集中しよう**」「**相手の考えを理解することに専念しよう**」と意識的に自分に言い聞かせて、「**なぜ、こう言っているんだろう**」「**どういう気持ちだろう**」と相手を受け止める気持ちで聴くとしたら、それ以外のことを考える余裕はないはずです。

■ むやみに相手の話をさえぎらない

　聴くことに専念するというのは、**相手の話を最後まで聞くのが原則**です。もちろん、勝手な意見をまくしたてる相手には、ディスカッションの進め方を見直すために、いったん話を止めてもらうように促すことはあります。話の方向がそれてきたときにも、軌道修正をするために途中で遮ることがあります。しかし、通常は最後まで聞いて理解してから、自分の意見を述べたり、不明点を質問したりします。途中で遮って話し出すと「私の話、聞いてる?」という不満や不安を相手に与えて、信頼関係を築けないからです。

88　社会人基礎力講座　第3版

(3) アクティブリスニングを心がける

アクティブリスニングとは、積極的に傾聴するという意味です。「**あなたの話をしっかり聞いて理解に努めています**」という姿勢を、言葉やそれ以外の方法で相手に伝えながら聴く方法です。

■ 言葉で傾聴を表す

言葉でのリアクションは、**あいづち・短いコメント・質問**です。「はい」「そうですね」「そうですか」「それで？」などのあいづちは、話をスムースに先へ進めます。「すばらしいですね」「大変でしたね」「ありがとうございます」といった内容に対する短いコメントもあいづちのひとつです。相手の言葉を繰り返したり、質問するのも有効です。重要だと思ったキーワードを「○○なのですね」「××ということは？」と繰り返すと、掘り下げることができます。相手にも「聞いてくれているな」という印象を与えます。

■ 姿勢や態度で傾聴を表す

言葉以外のリアクションは、**姿勢や態度による表現**です。うなずく、身を乗り出す、アイコンタクト（相手の目を見る）、表情、メモを取るなどが傾聴のサインです。なお、**オンラインではリアクションが伝わりにくいので**、動作を大きくしたり、ツールの**リアクション機能**を使うなど工夫しましょう。

(4) 質問を工夫して話を引き出す

相手が前向きに話せるような雰囲気作りができるのも傾聴力です。口下手な人や遠慮している人には、短い質問を投げかけたり、「○○さんはどう思いますか？」と話を向けます。意図がわからない、話のつじつまが合わないという場合も、それを責めるのではなく質問して確認すると冷静に話せます。質問には、Yes/No、A/Bと短く回答できるものと、話が広がっていくものがあります。前者を**限定質問**、後者を**拡大質問**といいます。例えば、「海と山ではどちらが好きですか？」は「海」「山」と限定的に回答できますが、「なぜ海が好きですか」には考えを話すので広がります。**拡大質問**で話を広げ、**限定質問**で事実を確認する、というように使い分けを工夫します。

> **心ここにあらざれば、視れども見えず、聴けども聞こえず、食らえどもその味を知らず。（大学）**
>
> うわの空の状態では、何も見えない、何も聞こえない、食べても味もわからない、すべては心のあり方にかかっています。心にしっかり軸を持つ、心を込めて物事にあたる、大切なことは「誠心誠意」です。人の話を聞くときにも、誠心誠意、心を込めて聴くのが傾聴です。

3. 実践

> ◆プロジェクトを通して傾聴力を強化するには◆
> 「プロジェクトメンバーの話をよく聞いて、話し合った内容を記録しよう」
> ● プロジェクトの議事録を作成する　－正確・簡潔・わかりやすく、
> 　　　　　　　　　　　　　　　　　　効率的に作成する

(1) プロジェクトの議事録を作成する

　この章の講義で学んだとおり、**素直な心でアクティブリスニング**を心がけたり、**質問を工夫する**などして相手の話をよく聞きいたら、**聞きっぱなしにせず記録**します。

■ メモを取る

　プロジェクトに関わらず、授業や仕事で人の話を聞くときは、**メモを取りながら**聞きます。重要なポイントを忘れないようにするのはもちろん、「あなたの話をしっかり聞いて理解に努めています」という**アクティブリスニングを相手に伝える**方法でもあります。特に仕事では、打ち合わせや指示を受けるときにメモを取らない人は信頼されません。**打ち合わせの決定事項や指示された内容はメモして復唱**し、誤解がないかを確認しましょう。わからないことがあったらできる限りその場で質問して確認し、不明点をそのままにしないように注意します。相手が質問対応する時間がない場合は、メールで確認したり、改めて時間を取ってもらって質問します。

■ **議事録を作成する**

　議事録とは、議事の記録、つまりディスカッションの記録ということです。組織によってフォーマットや書き方が決まっている場合もありますが、一般的には以下のような内容を整理して書きます。なお、近年では、オンライン会議の録画を共有することで議事録は決定事項だけの簡素なものにしたり、生成AIツールが使用できる場合は録音から議事録を自動生成するなど、ICTツール活用での効率化に取り組んでいる企業もあります。

- 会議名、開催日時、開催場所
- 議長や書記の氏名
- 参加者（所属名、役職名、氏名、立場など、必要な情報を書く）、欠席者
- 議事録の開示範囲（提出先や共有してよい範囲が決まっている場合は明記する）
- 議題（複数あれば箇条書きにする）
- ディスカッション内容（議題ごとに整理して、誰が、どういう発言をしたか）
- 決定事項（会議の結果、決まったこと）
- 検討事項（会議の結果、結論は出なかったが検討を続けること）
- 次回までの宿題（何を、誰が、いつまでにやるのか）
- 次回の予定（開催日時、場所など）

　ディスカッション内容をどこまで詳細に書くかは、議事録の提出先や目的によって違います。プロジェクトオーナーに提出する決定事項重視の議事録なら詳細は不要ですが、プロジェクトメンバーに「どういう話し合いがなされたか」というプロセスを伝える目的の議事録なら、ある程度詳しい内容が求められるでしょう。

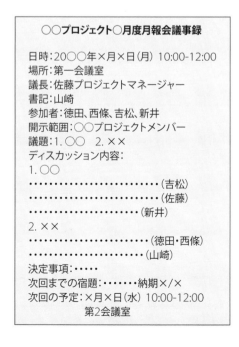

4. 振り返り

1.**傾聴力**の発揮について、現在の自分を振り返りましょう。

これまで経験した具体的なエピソードがあれば、挙げてください。

2.あなたが**傾聴力**を発揮できないとしたら、それはどういうときですか？

何が**傾聴力**の発揮を妨げるのか、考えましょう。

3.自分の**傾聴力**を強化するためには、何をしたらよいと思いますか？

日々の活動のなかで、今日から実行することを考えましょう。

第 **11** 章

チームで働く力(3)
－柔軟性－

意見の違いや立場の違いを理解する力

　柔軟性とは、意見の違いや立場の違いを理解する力です。社会に出ると学生時代とは比べものにならないくらい多様な人々と、協力して物事を進めるようになります。異なる背景や専門分野を持ち、組織のなかで負っている役割や立場が違えば、考え方、感じ方が違うのは当然です。違いを受け入れて、ときには譲歩し、ひとつの目的に向かって落としどころを模索できる柔軟性が求められます。

講義の流れ

1.導入

　講義の目的を確認し、ケースを読みます。

　事前チェックシートに記入します。

　チェック結果とケースに基づき、意見交換します。

2.講義

　（1）なぜ柔軟性が求められるのか？

　（2）多様性を尊重する

　（3）対立を恐れず話し合う

3.実践

　（1）プロジェクトメンバーを知る

　（2）意見や立場の違いを乗り越える

4.振り返り

　振り返りシートに記入します。

　振り返りシートに基づき、意見交換します。

> **目的** 柔軟性について理解し、その強化方法を学びます。
> - 柔軟性とはどういう能力なのか、理解します。
> - なぜ柔軟性が求められるのか、理解します。
> - 柔軟性を強化するには、どう考えどう行動したらよいか、理解します。

1. 導入

(1) ケース「十人十色、考え方もさまざまなんだ」
　総務部の中山さんは、ペーパーレス運動のプロジェクトマネージャーです。現場の意見を聞くために、営業部の南部長、技術部の滝沢部長とミーティングをしています。

中山　　：ご多忙のところありがとうございます。
南部長　：若い人の意見も必要かと思って、石田さんも同席してもらったよ。
滝沢部長：うちも2年目の有岡さんと、李さんに来てもらいました。
中山　　：さっそくですが、先日お送りした資料にあるとおり、来月からペーパーレス運動を
　　　　　営業部と技術部でトライアル予定です。
　　　　　確認目的と会議資料は出力禁止というルールについてどうお考えですか？
南部長　：確認目的というと？
中山　　：内容をチェックするために印刷することです。昨年調査したら、作成中の資料の詳
　　　　　細内容チェックなど、確認目的の印刷が全体の30%もあったんです。
滝沢部長：そうなの？　私は電子で問題ないと思いますよ。
　　　　　今でも会議資料はすべて電子だし。印刷する必要なんてある？
李　　　：上海オフィスでは、すでにペーパーレスが進んでいます。
　　　　　こちらに来て、あまりにも紙が多いので驚きました。不要ですね。
南部長　：うーん、上海ではそうかもしれないけど…会議資料もだめかな？
　　　　　私はその場で資料にメモを取りたいから、印刷して読みたいな。
石田　　：私は、別の理由で反対です。
　　　　　営業部ではお客様が参加される会議もあるので、資料配布が必要です。
中山　　：社外の方が来社された場合の会議は、想定していませんでした。
有岡　　：あの…重要品質会議事務局を手伝ったとき、議事録には関係者の捺印が必要な
　　　　　ので紙でした。会議の重要度にもよるし、捺印するルールを変えないと…。
石田　　：そうだ！社内の紙を減らすために、タブレット端末を配布してもらえませんか？
　　　　　そうしたら、ペーパーレス化も進むと思います。
中山　　：うーん、タブレット端末ねぇ…。新たな投資は難しいですね…。

立場や役割が違う人が集まると、さまざまな意見が飛び交います。中山さんは、ペーパーレス運動のプロジェクトマネージャーとして、皆さんに意見を求めていますが、案の定、**人によって考え方も感じ方も違う**ようです。自由な発想で意見出しするのが目的のときは、とにかく思いつくままに言っていく場合もあります。しかし、ずっと言いたい放題では意見がまとまりません。出てきた意見に対して、中山さんはどのように対処したらよいか、考えてみましょう。

(2)事前チェックとディスカッション

1.あなたの柔軟性について、Yes/No で事前チェックしましょう（チェック結果については P142 の「チェックシート活用」を参照）。

【柔軟性チェックシート：A】

国籍が違うなど、文化的背景が違う人と協力して何かをするときはお互いの文化について情報交換するようにしている	Yes	No
考え方や感じ方が違って当たり前だと考え、受け入れる努力をする	Yes	No
相手が負っている役割や立場を考えるようにしている	Yes	No
自分と違う意見でも、よく聞いて理解しようと努めている	Yes	No
自分と違う意見の人とも、対立を恐れず話し合おうと努めている	Yes	No

【柔軟性チェックシート：B】

国籍が違うなど、文化的背景が違う人と協力して何かをするときでもお互いの文化について話すことは少ない	Yes	No
自分と違う考え方や感じ方の人は、なかなか受け入れられない	Yes	No
相手が負っている役割や立場について、あまり考えたことがない	Yes	No
自分と違う意見を聞くと、どう反論しようかばかり考えがちだ	Yes	No
自分と違う意見の人と対立したくないので、意見を言わないことが多い	Yes	No

2.前述のケースを読んで、あなたはどう思いましたか？書き出しましょう。
　　● 中山さんは、出てきた意見に対してどうしたらよいと思いますか？

3.上記の 2. で書き出したことをグループ内で意見交換し、中山さんはこれからどうしたらよいか、グループの考えをまとめましょう。

2. 講義

◆柔軟性とは◆
「意見の違いや立場の違いを
理解する力」
● 多様性を尊重する
● 対立を恐れず話し合う

キーワード
✓ 意見が違って当たり前です。
✓ 対立が起きて当たり前です。
✓ 相手の立場を考えていますか？
✓ 大きな目的に立ち戻って落としどころを話し合いましょう。

(1) なぜ柔軟性が求められるのか？

　柔軟性とは、**意見の違いや立場の違いを理解する力**です。柔軟性が足りない人は、自分の意見に固執し、自分と違う考え方や感じ方を受け入れることができません。意見の違いから対立が起きると、押し通すか、あきらめるか、いずれにしても満足のいく結果は得られないでしょう。しかし、**考え方や感じ方が違う人と協力する**ことは、**自分にない視点を得るチャンス**でもあります。多様な人々が集まって異なる視点から物事を見るからこそ、これまでにないアイデアが生まれるのです。

(2) 多様性を尊重する

　世の中には、違う考え方、感じ方の人がいて当たり前です。文化的背景、育った環境、学んできたこと、人生や仕事の経験、すべて違うからです。違って当たり前と考えたうえで、相手を知る努力をして、違いを受け入れましょう。

■ 相手を知ろうと努力する

　上司、先輩、同僚など、日ごろ関わりが深い人々について、相手を知る努力をします。国籍が違うなら、お互いの国の文化について情報交換すると、相手の考え方や感じ方の根底にあるものを少し理解できるかもしれません。**文化的背景**は、想像以上に私たちに大きな影響を与えています。**常識だと思っていることが、別の文化圏ではまったく通用しない**のはよくあることです。

　また、趣味などプライベートな話ができると、その人となりに触れることができます。仕事以外のコミュニケーションも、信頼関係作りには役立つことがあります。

■ 違いを受け入れる

お互いを知る努力をすると「**そういう考え方をするんだ**」「**そう感じるんだ**」と驚くこともあるでしょう。考え方や感じ方を同じにはできませんが、違いを受け入れて相手を尊重することはできます。これは、**傾聴力**とも密接に関連します。

（3）対立を恐れず話し合う

意見の違いから対立するのはめずらしいことではありません。違いを受け入れて尊重するというのは、遠慮をして自分の意見を言わないことではありません。違いを理解したうえで、**論点をはっきりさせて落としどころを誠実に話し合う**ことです。

■ 論点をはっきりさせる

異なる意見を主張し合うばかりでは、平行線のままです。どこが一致していて、どこが違うのか、整理して論点をはっきりさせます。ホワイトボードに書き出したり、パソコンでメモを取りながらプロジェクターで映して共有するなど、目に見えるかたちにして話し合うとスムースに運びやすいので、実践してみましょう。

■ 落としどころを話し合う

論点が整理できたら、**共通の目的や目標**に立ち戻って、考え直してみます。それぞれ負っている役割や、置かれている立場が違うことから、関係者全員が 100% 納得する答えを見つけるのは困難です。それぞれが柔軟に考え、ときには譲歩し、80% でも 70% でも**皆が納得できる落としどころを見つける**ことが必要な場合もあります。

> **道を曲げずして、よく人心に従う。これ中庸の極みなり。（伊藤東涯）**
>
> 「中庸」とは、偏らない、とらわれない、こだわらない、まさに自然の理（ことわり）によって生まれる秩序、過不足なく偏りなく常に変わらず、調和が取れた究極の状態です。何事も過ぎたるは及ばざるがごとし、孔子も「中庸の徳たるや、それ至れるかな」（中庸こそ、徳として最上のものである）と述べたと言います。
>
> 中庸は、ほどほどの状態に妥協することではなく、過不足なく偏りなく正しいところに落ち着くよう調和を図ることです。それをわかりやすく説いたのが、江戸時代の儒学者、伊藤東涯のことば「道を曲げずして、よく人心に従う。これ中庸の極みなり」です。道（守るべき正しいこと）を曲げずに、かつ、人の心に逆らわず、人の気持ちを尊重するというバランス感覚でしょう。自分の心の軸がしっかりしているからこそ、人も尊重しながら、調和がとれた状態を実現できます。柔軟性は、相手に合わせて自分を変えることではなく、自分をしっかり持ちながら相手との調和をはかる力です。

3. 実践

> ◆プロジェクトを通して柔軟性を強化するには◆
> 「プロジェクトメンバーを知って信頼関係を作り、意見や立場の違いを乗り越えよう」
> ● プロジェクトメンバーを知る　　−プロフィール、人となり、立場や役割を知る
> ● 意見や立場の違いを乗り越える　−プロジェクトの目的に立ち戻って話し合う

(1) プロジェクトメンバーを知る

　プロジェクトメンバーは、一定期間、**同じ目的・目標に向かって活動する仲間**です。プロジェクトメンバー同士の信頼関係は、プロジェクトの成功に欠かせません。

■ プロフィールや人となりを知る

　授業や仕事上でのコミュニケーションはもちろんですが、お互いの**プロフィール**を知り、**人となり**を知っていくことで信頼関係が作られていくものです。例えば、以下のような項目が考えられます。いずれも個人的な情報なので、本人が希望しないのに**無理に聞き出すのはマナー違反**ですから、あくまで相手が進んで話してくれるときに限ります。

- ● 文化的背景
  国籍、出身地、生育地、現在の居住地など
- ● 専門分野
  学歴（大学、学部、学科、専攻など）、研究テーマ、興味を持っているテーマなど
- ● 趣味や嗜好
  趣味、特技、好きな食べ物・飲み物など
- ● 家族や家庭
  家族構成、家庭での過ごし方など

　プロジェクトマネージャーやリーダーは、プロジェクトメンバーがコミュニケーションしやすい場作りを心がけます。例えば、早くお互いに知り合えるようにするには、プロジェクトを立ち上げてプロジェクトメンバーが初めて顔を合わせるときに、**自己紹介し合う時間を多く取る**、**アイスブレイク（初対面の人同士が出会ったとき、緊張感を解いて場を和ませるための手法）になるようなゲームを取り入れる**、**懇親会や交流会など業務以外の雑談ができる場を作る**などが考えられます。

98　　社会人基礎力講座　第3版

■ **プロジェクトでの立場や役割を知る**

　プロジェクトメンバーは、それぞれの立場や役割があってプロジェクトに参加しています。プロジェクトでそれぞれが負っている役割を理解しましょう。自分の役割を果たすことで精いっぱいで、他の人が何をしているか知らない、というようでは協力してプロジェクトを進めることはできません。例えば、**プロジェクト体制図をよく見て全体を把握**し、プロジェクトメンバーのプロフィールと考え合わせてみると理解が深まります。

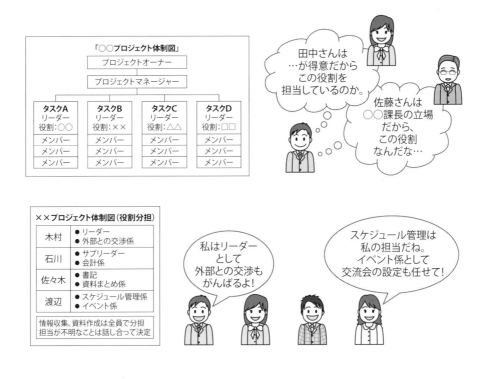

（2）意見や立場の違いを乗り越える

　立場や役割が異なれば、意見が違うのは当然です。意見が対立したときには、この章の講義でも学んだように、お互いの立場や役割を理解したうえで論点をはっきりさせて、共通の目的や目標、つまり**プロジェクトの目的や目標に立ち戻って**考え直します。

4. 振り返り

1. **柔軟性**の発揮について、現在の自分を振り返りましょう。

　これまで経験した具体的なエピソードがあれば、挙げてください。

2. あなたが**柔軟性**を発揮できないとしたら、それはどういうときですか？

　何が**柔軟性**の発揮を妨げるのか、考えましょう。

3. 自分の**柔軟性**を強化するためには、何をしたらよいと思いますか？

　日々の活動のなかで、今日から実行することを考えましょう。

第 **12** 章　**チームで働く力(4)
－情況把握力－**

**自分と周囲の人々や
物事との関係性を理解する力**

　情況把握力とは、自分と周囲の人々や物事との関連性
を理解する力です。簡単に言えば、空気を読む、気配り
するということです。チームで力を合わせるには、その場
の情況に合わせて、それぞれが自分の役割を理解して、
周囲に配慮しながら行動することが求められます。仕事に
限らず、友人関係でも同じことでしょう。

講義の流れ

1.導入

　講義の目的を確認し、ケースを読みます。

　事前チェックシートに記入します。

　チェック結果とケースに基づき、意見交換します。

2.講義

（1）なぜ情況把握力が求められるのか?

（2）自分の役割を考える

（3）相手の心理を予測する

（4）TPO をわきまえる

3.実践

（1）プロジェクトの情況を客観的に見る

（2）自分の期待役割を臨機応変に考える

4.振り返り

　振り返りシートに記入します。

　振り返りシートに基づき、意見交換します。

目的　**情況把握力について理解し、その強化方法を学びます。**

- 情況把握力とはどういう能力なのか、理解します。
- なぜ情況把握力が求められるのか、理解します。
- 情況把握力を強化するには、どう考えどう行動したらよいか、理解します。

1. 導入

(1) ケース「もう少し空気読んだら？」

　学園祭にサークルで模擬店を出すことになり、主要メンバーである1年生のケンジとレイコ、2年生のナオキ、3年生のユウとサキが集まって相談しています。

ナオキ　：今年の学園祭、どういう模擬店にしましょうか？
レイコ　：私たちは初めてなので…。これまではどういうのだったんですか？
ユウ　　：去年は焼きそばにフランクフルト、
　　　　　一昨年は焼き鳥にビールも出したんだよ。
　　　　　赤ちょうちんも借りてきてさ。
サキ　　：オシャレ感が全然ないのよ！
ケンジ　：他のサークルは、どういうのが多いんですか？
ナオキ　：焼きそば、お好み焼き、クレープかな。
サキ　　：斬新なアイデアないの？　つまんない。
ユウ　　：そうだけど…。じゃあ、サキはどういうのがいいの？
サキ　　：え〜？　わかんない。（スマホでメッセージを読む）

ナオキ　：確かに他と違うことをしたほうが、当たれば集客が望めますね。
　　　　　去年、飲茶をやったサークルが最初に売り切れましたよ。
ユウ　　：そうだったね。全員がチャイナ服を着たんだよね！
サキ　　：そういうのメンドクサイ…。スイーツは？マカロンとか。
レイコ　：えっ…マカロン、作るんですか？
サキ　　：うーん、作れるかどうか知らないけど、買ってきてもいいじゃん。
　　　　　あ！電話…ハイ、サキ…あぁ、ウン…え？ほんと？…えー！…
ナオキ　：買ってきたものを並べるだけっていうのも…ね。
ユウ　　：ごめんね。まず、去年までのトレンドをボクが書き出すから、ナオキは補足して。
　　　　　それを見ながらみんなでアイデア出しし よう。
　　　　　1年生は、初めてだから細かいこと気にせずに、思いつくこと言ってね。
　　　　　そのあとで、予算や準備にかかる手間とか考えながら、比較検討しよう。

皆で話し合おうというときに、自分の意見だけ言って協力する気がないようでは、場を混乱させるだけです。他のメンバーが、これまではどうやっていたのか、他のサークルはどうだったのか、現状把握から始めようとしているのに、思いつきで無責任な発言をするサキがディスカッションを妨げています。サキが電話に夢中になっているうちにユウが代わりにまとめていますが、こうして空気が読めない人はチームのなかで浮いてしまいます。**情況を把握して、場に合った対応をする**ことについて考えてみましょう。

（2）事前チェックとディスカッション

1. あなたの情況把握力について、Yes/No で事前チェックしましょう（チェック結果については P142 の「チェックシート活用」を参照）。

【情況把握力チェックシート：A】

チームで何かするとき、自分の役割を理解している	Yes	No
チームで何かするとき、周囲の人が自分に何を求めているか考えて、その期待に応えようと努めている	Yes	No
その場の空気に合わせて、自分の感情や行動をコントロールできる	Yes	No
相手の気持ちを予測して、気配りしている	Yes	No
TPO (Time, Place, Occasion) をわきまえて、行動している	Yes	No

【情況把握力チェックシート：B】

チームで何かするとき、自分の役割は何か、あまり深く考えない	Yes	No
チームで何かするとき、周囲の期待に応えようとは、あまり考えない	Yes	No
空気が読めず、自分の感情をあらわにしたり、勝手な行動をとりがちだ	Yes	No
相手がどういう心理状態か、あまり深く考えない	Yes	No
TPO (Time, Place, Occasion) に関係なく、思うとおりに行動している	Yes	No

2. 前述のケースを読んで、あなたはどう思いましたか？書き出しましょう。
   - このミーティングにおいて、サキの役割は何だと思いますか？
   - あなたがサキだったら、サキの意見をどういう言い方で伝えますか？

3. 上記の 2. で書き出したことをグループ内で意見交換し、サキはどのように話したらよかったか、グループの考えをまとめましょう。

2. 講義

◆情況把握力とは◆
「自分と周囲の人々や
物事との関係性を理解する力」
- 自分の役割を考える
- 相手の心理を予測する
- TPOをわきまえる

キーワード
- ✓ 私の期待役割は何だろう。
- ✓ 冷静になって場の空気を読もう。
- ✓ 今、話すのに効果的なタイミングかな？
- ✓ 相手はどういう気持ち？
- ✓ TPOに合わせて柔軟に！

(1) なぜ情況把握力が求められるのか？

情況把握力とは、**自分と周囲の人々や物事との関係性を理解する力**です。情況把握力が足りない人は、場の空気が読めずに自分勝手な行動をしたり、場を乱してチームワークを損ねます。**働きかけ力**や**柔軟性**の章でも解説したとおり、考え方も感じ方も違う多様な人々がひとつの目標に向かって力を合わせるには、お互いの立場を理解し、ときには譲歩し合って落としどころを探る、柔軟な対応が必要です。そのためにも、**周囲の情況をよく見て、自分の役割を理解し、適切な行動がとれる人**が求められるのです。ただし、周囲に流されて自分の考えがない、という状態にならないようにしましょう。

(2) 自分の役割を考える

周囲の人々との関係性を理解するには、まず自分の役割や期待されていることを知ることです。仕事であれば、上司と最初にしっかり話し合う必要があります。

■ 担当内容と責任範囲を理解する

仕事では、**何をどこまでやることが求められているのか**、役割を確認します。わからなかったらあいまいなままにせず、納得できるまで上司や依頼者と話し合いましょう。

■ 周囲から期待されていることを考える

役割に密接に関連しますが、もう少し心理的なものとして「**周囲の期待**」があります。例えば、新人の場合、経験も知識も少ないので仕事の役割は補佐的でも、会議の場では「的外れでもいいから、新人ならではのフレッシュな意見を積極的に言ってほしい」とか、「周囲の意見も注意深く聞いて学んでほしい」などと期待されているかもしれません。今、この場で**自分は何を求められているか**、考えましょう。

（3）相手の心理を予測する

相手がどういう心理にあるか予測してみると、気持ちに配慮した適切な行動ができます。

■ ポジティブな心理を後押しする

仕事において、人は負っている役割や置かれている立場によって、さまざまな心理状態になります。「がんばろう」というやる気につながりやすい**ポジティブな心理状態**としては、以下があります。チームで力を合わせれば目標達成につながり、評価されると実感できるように後押しすると、モチベーションが上がります。

- 自分の役割を確実に遂行して目標を達成したい
- 目標を達成して認められたい
- 自己実現につなげたい

■ ネガティブな心理に配慮する

場合によっては、チームの活動を停滞させてしまう恐れがある**ネガティブな心理状態**には以下があります。チームのなかにこういう人がいたら、放っておかずに声をかけたり、気持ちを聞く配慮をしましょう。

- 今のやり方を変えたくない（変化を嫌う）
- 他の人の意見が気になって自分では決められない（主体性がない）
- 根拠のない不安や優柔不断で前へ進めない（やる気が出ない）

（4）TPOをわきまえる

TPO とは、**Time**（時間・タイミング）、**Place**（場所）、**Occasion**（場合）の略です。タイミングを見計らって場を選んで、情況に合わせて適切に対応することを「**TPO をわきまえる**」といいます。これは、仕事に限らず、あらゆる場面で言えることです。**規律性**の章で触れるビジネスマナーも、すべて TPO をわきまえることにつながります。人との関係性において、絶対的な正解というのはないからです。情況によって適切な対応は異なります。

3. 実践

◆プロジェクトを通して情況把握力を強化するには◆
「プロジェクトの情況を見ながら、臨機応変に対応しよう」
- プロジェクトの情況を客観的に見る　−落ち着いて進捗を見る
　　　　　　　　　　　　　　　　　　　心理を予測する
- 自分の期待役割を臨機応変に考える　−今、求められていることは何か

(1) プロジェクトの情況を客観的に見る

　プロジェクトが忙しくなってきたり、他のことが重なって時間に余裕がなくなると、慌ててミスをしたり、対応を忘れたり、冷静でいられなくなる場合があります。自分だけでなく、プロジェクト全体が進捗遅れなどによって浮足立った状態になったり、方向を見失うなど停滞した雰囲気に陥ることもあるでしょう。

　プロジェクトは、いつも計画どおりに進むとは限りません。大切なのは、**情況を客観的に把握しておく**ことです。計画力の章で学んだように、スケジュール、プロジェクトの対象範囲（どこまでやるのか）、予算、成果物の品質、プロジェクトメンバーの能力、プロジェクト内のコミュニケーション、その他に心配事がないか、あらかじめ決めたタイミング（週に1回、月に1回など）で進捗を確認します。**定期的にチェックしていれば問題が大きくならないうちに発見できる**はずです。問題に気が付いたら、一人で抱え込まずにプロジェクトメンバーに相談したり、プロジェクトマネージャーやリーダーに報告、相談して対応します。慌てているとミスが増えるばかりなので、落ち着いて対応しましょう。

（2）自分の期待役割を臨機応変に考える

　プロジェクトメンバーには、それぞれプロジェクト内での役割がありますが、この章の講義で学んだように周囲の期待もあります。周囲の期待は、プロジェクトを進めるなかで場面によって変わります。今、**この場では何を求められているのか、どう行動したらプロジェクトメンバーによい影響を与えられるか**、よく考えて臨機応変に対応します。期待役割を臨機応変に考えるのは難しいかもしれませんが、プロジェクトマネージャー、リーダー、プロジェクトメンバーが、気持ちよく活動して目的や目標の達成に向かっていくために自分は何ができるか、周囲をよく観察しながら考えてみましょう。

機を見るに敏

　ここぞという好機を逃さず、俊敏に行動すること、まさに「機敏（きびん）」です。チャンスをつかまえることができるのは、行動を起こす準備ができている人です。周囲の動きを敏感に捉え、状況に合わせてすばやく対応するには、日ごろの努力が必要です。不確実な時代だからこそ、世の中にはたくさんのチャンスが溢れています。あなたはそれを機敏にキャッチできる準備ができていますか？

4. 振り返り

1.**情況把握力**の発揮について、現在の自分を振り返りましょう。

これまで経験した具体的なエピソードがあれば、挙げてください。

2.あなたが**情況把握力**を発揮できないとしたら、それはどういうときですか？

何が**情況把握力**の発揮を妨げるのか、考えましょう。

3.自分の**情況把握力**を強化するためには、何をしたらよいと思いますか？

日々の活動のなかで、今日から実行することを考えましょう。

第13章

チームで働く力(5)
ー規律性ー

社会のルールや
人との約束を守る力

規律性とは、社会のルールや人との約束を守る力です。子供のころから家庭や学校で学んできた社会のルールを守ること、人との約束を守ることは、誰もが大切にするべきことです。さらに、組織に属し、多様な人々と協力して物事を進めるには、ビジネスマナーや組織のルールを理解し、その場に応じて適切に実践することが求められます。

講義の流れ

1.導入

講義の目的を確認し、ケースを読みます。

事前チェックシートに記入します。

チェック結果とケースに基づき、意見交換します。

2.講義

(1) なぜ規律性が求められるのか?

(2) 社会や組織のルールを理解する

(3) ビジネスマナーを理解する

(4) ルールやマナーの意味を考えて実践する

3.実践

(1) プロジェクトのルールを決める

(2) プロジェクトのルールを守る

4.振り返り

振り返りシートに記入します。

振り返りシートに基づき、意見交換します。

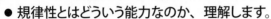

目的 規律性について理解し、その強化方法を学びます。

- 規律性とはどういう能力なのか、理解します。
- なぜ規律性が求められるのか、理解します。
- 規律性を強化するには、どう考えどう行動したらよいか、理解します。

1. 導入

(1) ケース「マナーやルールを守って気持ちよく！」
　営業部の南部長と佐々木さんは、ショウルームにお客様を招いて対応しています。

佐々木：…以上で、ショウルームのご案内は終了です。
南部長：ありがとうございました。ご質問は、あちらで承ります。お疲れになったでしょう。
　　　　お怪我されていると伺ったら日を改めましたのに。
お客様：いやあ、松葉杖なんて大げさなんですよ。
佐々木：あの、部長、打ち合わせコーナーは商談には使えませんので、2Fの会議室を用意
　　　　してもらったほうが…。
南部長：今日は他にお客様がいらっしゃらないので、
　　　　そこで商談しても差し支えありませんよ。松葉杖で階段をあがるのは大変でしょう。
お客様：申し訳ありません。お気遣いありがとうございます。
佐々木：はあ。では、コーヒーを持ってきます。
南部長：お願いします。
　　　　（お客様に向かって）どうぞ、こちらへ。

　お客様と南部長が話しているところに、佐々木さんがコーヒーを持ってきました。

佐々木：お待たせいたしました。（部長と自分の分を置いてからお客様にも置く）
　　　　（お客様に）ミルクとお砂糖は、いただきますか？
お客様：いいえ、けっこうです。ありがとうございます。
南部長：佐々木さん、見積書とコスト比較資料の件、発送しましたか？
　　　　昨日までにお送りする約束になっていたそうですが。
佐々木：あっ！申し訳ありません。用意しましたが発送するのをうっかり…。
お客様：調達部も欲しいと言っているので、2部いただいてもよろしいですか？
佐々木：もちろんです。調達部は佐野様ですね。
　　　　それでは2部ご用意しますので、佐野様にも差し上げてください。

お客様とのコミュニケーション、礼儀正しく適切な対応で信頼を得たいものです。ビジネスマナーは、**お互いを尊重し、気持ちよくコミュニケーションするための基本的な取り決め**です。例えば、敬語（丁寧語・尊敬語・謙譲語）の使い分け、面談時の着席の位置（上座、下座のルール）など、ビジネスマナーを守ることで相手への敬意を表します。佐々木さんの応対はどうでしょうか？　人との約束を守る、会社のルールを守る、といったことも含めて、このケースで考えてみましょう。

(2)事前チェックとディスカッション

1.あなたの規律性について、Yes/No で事前チェックしましょう（チェック結果については P142 の「チェックシート活用」を参照）。

【規律性チェックシート：A】

社会のルール（法律、社会的規範など）を守って人に迷惑をかけない	Yes	No
所属する組織（職場、大学など）のルールを守って人に迷惑をかけない	Yes	No
ビジネスマナーの基本を理解し、おおむね迷わず対応できる	Yes	No
何のためのルールやマナーなのか、その目的を考えている	Yes	No
ルールやマナーは原則であり、目的に照らし合わせて柔軟に実践する	Yes	No

【規律性チェックシート：B】

社会のルール（法律、社会的規範など）を軽視しがちだ	Yes	No
所属する組織（職場、大学など）のルールを軽視しがちだ	Yes	No
ビジネスマナーの基本の理解について、あまり自信がない	Yes	No
何のためのルールやマナーなのか、目的まではあまり深く考えない	Yes	No
ルールやマナーは、そのとおり守ることが何より大切だ	Yes	No

2.前述のケースを読んで、あなたはどう思いましたか？書き出しましょう。
- 佐々木さんの言動について、気が付いたことを挙げてください。
- 南部長の言動について、気が付いたことを挙げてください。

3.上記の 2. で書き出したことをグループ内で意見交換し、佐々木さんはどうしたらよかったか、グループの考えをまとめましょう。

2. 講義

◆規律性とは◆

「社会のルールや人との約束を守る力」

- 社会や組織のルールを理解する
- ビジネスマナーを理解する
- ルールやマナーの意味を考えて実践する

キーワード

- ✓ その行いは正しいですか？
  自分の心に聞いてみる。
- ✓ ルールやマナーはあくまで原則。
- ✓ なぜこういうルールやマナーが
  あるんだろう。

（1）なぜ規律性が求められるのか？

　規律性とは、**社会のルールや人との約束を守る力**です。規律性が足りない人は、社会や組織のルールを軽く考えて自分勝手な行動を取ったり、ビジネスマナーに反した応対をしたり、約束を守れないなど、周囲の人に不快な思いをさせる恐れがあります。人は、一人で生きているわけではありません。ルールやマナーを守り、お互いを尊重する気持ちを持って生きるからこそ、多様な人々が集まっても安心して気持ちよく過ごせるのです。

（2）社会や組織のルールを理解する

　私たちが社会の一員として生きるうえで、守るべきルールはさまざまです。ルール自体を知らなければ守れないので、どういうルールがあるのか学びましょう。

■ 社会のルールを理解する

　社会のルールとは、**法規範**のように明確に定められている取り決めと、**社会規範**のように暗黙の取り決めとがあります。法律は、私たちが守るべきルールの一部を明文化したものであって、それがすべてではありません。法で定められていようといまいと、心のなかに「**人として正しい行いとは何か**」をしっかり持つことです。例えば、交通ルールを守るには、道路交通法を学ぶ必要があります。運転免許を持っている人は講習を受けたはずです。一方で、合流地点では譲り合うとか、自然と行うべきこともあります。

　心のなかにある規範は、古くからの教えに触れたり、家庭や学校で人と関わりながら形成するものです。学び、人と交流して、自分の心を高めていきましょう。

■ 組織のルールを理解する

　組織に所属すれば、その組織内でのルールがあります。新入社員であれば、オリエンテーションが行われたり、就業規程が配布されたりするので、しっかり学びましょう。

組織のルール

【コンプライアンス】

コンプライアンスとは、法令遵守という意味です。コンプライアンス違反には、さまざまなケースがあります。以下に例をあげます。判断に迷ったら、上司や法務部の担当者、関連省庁の問い合せ窓口などに相談します。

- 不正な会計　　　　脱税、粉飾決算、株価操作、債務不履行など
- 不正な受給　　　　補助金などの不正受給など
- 不当な取引制限　　カルテル（談合）、下請けへの不当な値引き強要など
- 不当な表示　　　　リコール隠ぺい、産地・品質・原材料などの偽装など
- 不当な情報管理　　個人情報漏えいや目的外使用、企業情報の漏えいや不正取得など
- 権利侵害　　　　　著作権侵害、特許権侵害など
- 職権乱用　　　　　インサイダー取り引きなど
- 反社会的行為　　　反社会的勢力との交際や利益供与など

【ハラスメント防止】

ハラスメントとは、職場に限らず、いろいろな場面での嫌がらせやいじめのことです。嫌がらせやいじめの自覚がなくても、その言動が相手を不快にさせたり、尊厳を傷つけたり、不利益を与えたり、脅威を与えるときは、ハラスメントになる恐れがあります。職場のルールを守り、働きやすい職場環境を維持するために、一人ひとりがハラスメント防止に取り組みましょう。職場で起こりやすいハラスメントの主なものは、以下のとおりです。

- パワーハラスメント
  職場において行われる、①優越的な関係を背景とした言動であって、②業務上必要かつ相当な範囲を超えたものにより、③労働者の就業環境が害されるものであり、①から③までの３つの要素を全て満たすもの。なお、客観的にみて、業務上必要かつ相当な範囲で行われる適正な業務指示や指導については、職場におけるパワーハラスメントには該当しない。
- セクシャルハラスメント
  職場において行われる、労働者の意に反する性的な言動に対する労働者の対応により、その労働者が労働条件について不利益を受けたり、性的な言動により就業環境が害されること。
- 妊娠・出産・育児休業等に関するハラスメント
  職場において行われる上司・同僚からの言動（妊娠・出産したこと、育児休業等の利用に関する言動）により、妊娠・出産した女性労働者や育児休業等を申出・取得した男女労働者の就業環境が害されること。

第13章　チームで働く力（5）－規律性－　113

【情報セキュリティ】

　現代の情報化社会においては、便利さの一方で情報漏えいのリスクが高まり、情報セキュリティは業種・職種を問わずますます重要になっています。情報セキュリティを守るために、社員一人ひとりに求められる行動例は、以下があります。

- 安全なパスワードを使う
  名前・個人情報から類推できない語で、英数字混在で一定以上の長さにする。人目に触れるところに書かない。複数サービスで使い回さない。
- ソフトウェアを最新の状態に保つ
  ウイルスなどの脅威は日々進化しているので、ソフトウェアを常に最新の状態に保つ。
- ウイルス対策ソフトを使ってチェックする
  インストールして最新の状態に保つ。定期的にウイルススキャンを実行する。
- 電子メールの誤送信に注意する
  宛先や添付資料を間違えるなどして情報漏えいしないように気を付ける。
- 不審な電子メールに注意する
  迷惑メール、標的型攻撃メール（特定の企業や個人を対象に送られる偽メール）によるウイルス感染を防ぐために、送り主に心当たりがないメールや不審なメールの添付資料は開かない。文中に記載されている URL にアクセスしない。
- 怪しいホームページを見ない
  ホームページを見るだけで感染するものもあるので、信頼できる運営者（官公庁、信頼できる企業など）によるホームページ以外は、できるだけアクセスしない。
- 会社の情報や他人の個人情報を許可なく SNS にアップしない
  社内で撮影した写真、自社に関する情報、お客様に関する情報など、業務に関わる情報は、特に許可がある場合を除いて SNS にアップしない。他人の個人情報（写真含む）も、本人の許可なく掲載しない。
- 会社から許可されていないソフトウェア・アプリを使用しない
  ソフトウェアやアプリを経由してマルウェアに感染したり、入力した情報が漏えいする恐れがある。生成 AI（ChatGPT など）や翻訳アプリなど、便利だからと言って勝手に使わない。個人情報、社外秘情報、機密情報を入力しない。
- バックアップする
  万一に備えて、データをバックアップする
- 適切な方法で廃棄する
  パソコン、携帯電話やスマートフォン、各種の媒体を廃棄するときは、そこから情報漏えいしないように、専門の業者に頼んだり、物理的に破壊する。紙の場合はシュレッダーにかけたり、機密文書であれば専門業者に頼んで溶解する。

(3) ビジネスマナーを理解する

　ビジネスマナーは、仕事をするうえで基本となる気配りポイントです。文化圏によって異なるため、グローバルに活躍するためには、その国の商習慣とともにビジネスマナーも学ぶ必要があります。

■ 基本マナーを学習する

　基本マナーとして学んでおきたいポイントには、以下のようなものがあります。本書では詳しく解説しませんが、ビジネスマナーの本は多数出版されていますので、数冊手に取って熟読し、ひととおり学ぶことをお勧めします。そのうえで実践です。

- **文書のマナー**（ビジネス文書の書き方、メールの書き方など）
- **電話のマナー**（電話のかけ方、受け方、取り次ぎ方、伝言の受け方など）
- **面談のマナー**（訪問する、応接室に入る、名刺交換する、座る、話す、帰るなど）
- **接待のマナー**（ビジネスパートナーのもてなし方、パーティでのふるまいなど）
- **冠婚葬祭のマナー**

■ 実際に練習する

　ビジネスマナーは、頭でわかっているだけでは意味がありません。**知っているか**ではなく、**できているか**です。文書を書く、電話をかける・受ける、名刺交換するなど、自然にできるようになるまで練習します。

(4) ルールやマナーの意味を考えて実践する

　ルールやマナーは、そのとおり守ればよいというものではありません。**ルールやマナーには必ず意味があります**。その意味を考えれば、**ケースバイケースで柔軟な対応**ができるようになります。

　例えば、この章のケースで、南部長はショウルームの打ち合わせコーナーでは商談をしないルールを破っています。佐々木さんが「打ち合わせコーナーは商談には使えません」といったのに対して「今日は他にお客様がいらっしゃらないので、そこで商談しても差し支えありませんよ」と答えています。打ち合わせコーナーは、話の内容が周囲に聞こえてしまうので、商談しないルールになっているのでしょう。しかし今日は他にお客様がいない、来社したお客様は松葉杖で2Fにあがるのは大変、となれば、ルールと違っていても打ち合わせコーナーを使うという判断になるわけです。

ビジネスマナー　敬語の使い方

この章の例で、佐々木さんの敬語が間違っているのに気が付きましたか？

- ミルクとお砂糖は、いただきますか？　→　ミルクとお砂糖は、いかがですか？
- 佐野様に差し上げてください。　→　佐野様にお渡しください。

「いただきます」は謙譲語ですから、お客様の言動に使うのは間違いです。「いかがですか？」が適切でしょう。「差し上げてください」も謙譲語ですから、自分の行動に付けるのが正しい使い方です。相手が佐野さんに資料を渡すので、渡す動作の主語はお客様です。謙譲語ではなく、「お渡しください」と尊敬語が正解です。

- 尊敬語　相手を敬う表現。自分より相手を高く表現することで尊敬を表す。
- 謙譲語　自分をへりくだる表現。相手より自分を低く表現することで尊敬を表す。

【よく使う尊敬語・謙譲語】

日常語	尊敬語	謙譲語
言う	おっしゃる 　中村様がおっしゃいました。 　今、おっしゃったように…	申し上げる、申す 　石井様に申し上げました。 　今、申し上げたように…
聞く	お耳に入る、お聞きになる 　お耳に入っていると存じますが… 　担当の飯山からお聞きください。	伺う、拝聴する 　その件は、佐野様より伺っています。 　山田様の講演を拝聴しました。
会う	お会いになる、会われる 　川野様にお会いになったのですか？	お目にかかる 　先日岩井様にお目にかかりました。
行く	いらっしゃる、行かれる 　先日大阪に行かれたそうですね。 　何時頃にいらっしゃいますか？	伺う、参る、あがる 　私が直接そちらまで伺います。 　ご挨拶にあがります。
来る	いらっしゃる、お見えになる、お越しになる 　お客様がお見えになりました。 　明日ショールームにお越しください。	伺う、参る 　ご挨拶に参りました。 　商品紹介に伺いました。
帰る	お帰りになる 　電車でお帰りになりますか？	失礼する、おいとまする 　そろそろおいとまします。 　お先に失礼いたします。
食べる・飲む	召し上がる 　どうぞお召し上がりください。	いただく、頂戴する 　いただきます。
見る	ご覧になる 　パンフレットはご覧になりましたか？	拝見する 　先日の見積書は拝見しました。
する	なさる、される 　お飲み物は何になさいますか？	いたす 　月末の納品で手配いたします。
いる	いらっしゃる 　山本様はいらっしゃいますか？	おる 　16時でしたらオフィスにおります。
知る	ご存知 　営業部の有田様はご存知ですか？	存じ上げる、存じる 　神崎様でしたら存じ上げています。

ビジネスマナー　席の座り方、お茶の出し方

この章の例で、佐々木さんのお茶の出し方が間違っていたのに気が付きましたか？
参考までに、面談時の上座・下座の判断と、お茶の出し方の基本マナーを解説します。

【席の座り方】

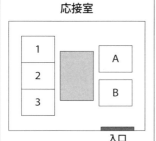
応接室

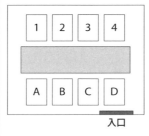
会議室・打合せ机

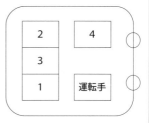
車内

入口から遠い1〜3が訪問者用、ABが社内用。席順は奥が上座が原則ですが、長いすの場合は役職が高い人が話の中心になるように2に座ることもあります。先に座らずに上司・先輩に任せます。

1〜4が訪問者用でA〜Dが社内用。入口から遠い席が上座というのが原則。ただし、プロジェクターで投影して説明するときは、スクリーンが見やすい位置に役職が高い人が座る場合もあります。
打合せ机でも出入り口から遠いほうが上座です。

車内では事故の際に最も安全と言われる1が上座ですが、先に降りる人が2に座ったり、体の大きい人は4に座るなど、臨機応変に対応します。3は座りにくいので、目下の人が座ります。

【お茶の出し方】

　お茶を出すときは、お客様の目上の人から順に出して、次に社内の目上の人から出します。ただし、役職の順序がわからないときや人数が多い場合は、お客様の上座（奥）から順に出して、社内も奥から順でよいでしょう。行ったり来たりするとかえってじゃまになるからです。

独りを慎む（大学）

　中国古典、四書五経のひとつである「大学」の一節に「君子は必ずその独を慎むなり」があります。ひとりを慎むとは、誰も見ていないときであろうとも正しい心で正しい行いをするということです。正しさとは、人の心のなかにあります。人が見ているから、法律で決まっているから、反すると罰せられるから、正しい行いをするわけではありません。正しいという文字は、この線（－）で止まる、と書きますが、どの線で止まるかは、一人ひとり心のなかにあるのです。誰もが、美しい真っすぐな線を心のなかに引いて、そこで止まることを実践するなら、争いのない成熟した世界になるでしょう。

　心のなかの線は、誰にも見えない、自分にしかわからないことですが、それがいつか行動となって現れます。大学の「君子は必ずその独を慎むなり」の前には「中に誠なれば、外に現れるという」とあります。自分の心のなかに、美しく真っすぐな線を引きたいものです。

3. 実践

> ◆プロジェクトを通して規律性を強化するには◆
> 「プロジェクトを円滑に進めるために必要なルールを決めて守ろう」
> - プロジェクトのルールを決める　－報連相、時間管理、情報管理など
> - プロジェクトのルールを守る　　－プロジェクトの一員としての自覚と行動

（1）プロジェクトのルールを決める

　プロジェクトに関わらず、さまざまな人々と協力して何かを行うときは、**お互いにマナーを守って行動するのが基本**です。「親しき仲にも礼儀あり」というように友人関係でも同じでしょう。そうした一般的な社会のルールに加えて、プロジェクトを円滑に進めるためには、プロジェクト内でのルールが必要です。それぞれのプロジェクトによって必要なルールは異なりますが、**報連相に関するルール**、**時間管理に関するルール**、**情報管理に関するルール**などが考えられます。

■ 報連相に関するルール

　プロジェクトのなかで、報告、連絡、相談をどうやって行うか、というルールです。計画力の章で解説したとおり、プロジェクトの計画を立てるときに**プロジェクト体制**や**コミュニケーション**（誰に、何を、いつ、どうやって情報共有するか）の方法を決めるので、それに沿って報連相します。例えば以下のような具合です。

【報連相ルール例】
- **進捗報告**：週報フォームに記入した報告書を毎週月曜日にサーバーに格納する
- **会議連絡**：参加対象者全員に開催1週間前までにメールで同報する
- **相談**：　　問題が発生したり、判断に迷うときは、随時リーダーに相談する
　　　　　　　解決できない場合はリーダーからプロジェクトマネージャーに相談する

　報連相を文書で行うときは、フォームを決めたり、**記載項目・記載順序・枚数制限**などを決めると効率的です。書いてある項目や順序がバラバラではわかりにくくヌケモレも発生します。大量の文書は、作成時間がかかるだけでなく受け取った人が読む時間もかかるので、効率を下げる原因のひとつになります。「**報告書は〇枚以内**」などルールを決めると、できるだけ**少ない枚数で重要なことが伝わる文書を心がける**きっかけになるでしょう。

118　社会人基礎力講座　第3版

■ **時間管理に関するルール**

プロジェクトに関わらず、**時間を守る**、**納期を守る**というのは基本です。時間や納期に関するルールを決めて、プロジェクト内で徹底しましょう。以下のような例があります。

【時間管理ルール例】
- 集合時間： 5分前に集合する
- 会議：　　原則1回60分以内とし、5分前になったら決定事項をまとめて終了
　　　　　　9:00～17:00の間に設定し、早朝や夜の会議は控える
- 納期：　　納期厳守、事務局は2日前にリマインドする
　　　　　　依頼から納期までの期間は、内容によって無理がないように配慮する

■ **情報管理に関するルール**

プロジェクト内ではさまざまな情報を扱います。情報の内容によって、**開示範囲**、**受け渡し方法**、**保管方法**のルールを決める必要があります。

- 開示範囲：　　　誰に情報共有してよいかを決める
- 受け渡し方法：媒体（紙、電子）、フォーマット（PDF、Word、Excelなど）
　　　　　　　　手段（手渡し、郵送、メール、サーバー経由など）
　　　　　　　　セキュリティ確保方法（暗号化してパスワード設定など）を決める
- 保管方法：　　サーバー格納方法（フォルダー階層の作り方やファイル名の
　　　　　　　　付け方など）、メディア記録方法（DVDなど）などを決める

（2）プロジェクトのルールを守る

プロジェクトのルールを決めたら、**全員がすぐ確認できるようにして徹底**します。例えば、プロジェクト専用の部屋があるなら目につくところに貼ったり、プロジェクト専用のサーバーの階層が浅いところ（すぐ見つけられるところ）に格納します。プロジェクトメンバーの一人ひとりが**プロジェクトの一員としての自覚**を持って、ルールを守りましょう。

4. 振り返り

1. **規律性**の発揮について、現在の自分を振り返りましょう。

これまで経験した具体的なエピソードがあれば、挙げてください。

2. あなたが**規律性**を発揮できないとしたら、それはどういうときですか？

何が**規律性**の発揮を妨げるのか、考えましょう。

3. 自分の**規律性**を強化するためには、何をしたらよいと思いますか？

日々の活動のなかで、今日から実行することを考えましょう。

第14章

第 **14** 章　チームで働く力(6)
−ストレスコントロール力−

ストレスの発生源に対応する力

　ストレスコントロール力とは、ストレスの発生源に対応する力です。ストレスとは、自分の体や心にかかる負荷です。この世の中で生きていく以上、私たちはいつも何らかのストレスにさらされています。体力的にきついこともあれば、精神的につらいこともあるでしょう。それらをどう捉え、どう対処するかによって、人生や仕事の楽しさが変わります。一度きりの人生を自分にとってよりよいものにするために、ストレスとの付き合い方を学びましょう。

講義の流れ

1.導入

　講義の目的を確認し、ケースを読みます。

　事前チェックシートに記入します。

　チェック結果とケースに基づき、意見交換します。

2.講義

（1）なぜストレスコントロール力が求められるのか？

（2）自分がストレスを感じやすいときを知る

（3）自分がやる気が出るときを知る

（4）自分でできるストレス対処法

（5）心の不調を感じたら

3.実践

（1）プロジェクト内でのストレスを予測する

（2）ストレス解消の工夫をする

4.振り返り

　振り返りシートに記入します。

　振り返りシートに基づき、意見交換します。

目的 ストレスコントロール力について理解し、その強化方法を学びます。

- ストレスコントロール力とはどういう能力なのか、理解します。
- なぜストレスコントロール力が求められるのか、理解します。
- ストレスコントロール力を強化するには、どう考えどう行動したらよいか、理解します。

1. 導入

(1) ケース「働くっていうのはツライときもあるんだ」

　お客様相談センターの森田さんは、最近元気がありません。お客様からのクレームが増えたことで悩んでいるようです。先輩の城島さんが心配して声をかけました。

城島：森田さん、最近なんだか元気がないんじゃない？
森田：ええ…。ふう…（ためいき）
城島：何かあった？
森田：最近、お客様からクレームの電話が多くて…。
城島：確かに増えたね。森田さんが気になっているのはどういうの？
森田：注文して届いた商品が違うってトラブルが増えているんです。すぐに正しい商品を手配するようお詫びするんですが、なかには「もういいからキャンセルする」とお怒りのお客様もいらして。
城島：叱られると落ち込む？
森田：それもありますが、迷惑をおかけしたのが申し訳なくて。
　　　お客様に喜んでほしいのに…。
城島：そっか。役に立てなかったのがつらいのね？
森田：…そうですね。そうだと思います。
城島：それは落ち込んで当たり前、
　　　むしろ、森田さんのお客様の役に立ちたいって気持ち、大切だと思うよ。
森田：はい。
城島：実は私も、商品違いの増加、気になっていたの。
　　　先月トラブルを分析して、月報に重要課題として載せてもらうように課長にお願いしたから、配送センターにも報告が行ったはずよ。
森田：そうだったんですか！　じゃあ、減るかもしれませんね、商品違い。
城島：そうなるといいわね。できることからやっていこうよ。

仕事は楽しいことばかりではありません。自分が思うとおりに仕事が進まない、人間関係がうまくいかない、さまざまな問題があるでしょう。森田さんは、お客様からのクレーム電話に悩まされ、すっかり元気を失っています。ストレスが続いて自分で気持ちをコントロールできなくなると、病気になってしまうことすらあります。思いつめずに早く対処したいものです。先輩の城島さんが声をかけて気持ちを聞き出していますね。城島さんも同じ仕事をしていますが、クレーム電話への感じ方や対処方法が違うようです。2人のやり取りから、ストレスに対処する方法について考えてみましょう。

(2) 事前チェックとディスカッション

1. あなたのストレスコントロール力について、Yes/No で事前チェックしましょう（チェック結果については P142 の「チェックシート活用」を参照）。

【ストレスコントロール力チェックシート：A】

自分がどういうときにストレスを感じやすいか、傾向を自覚している	Yes	No
ストレスを感じたら、何が自分を落ち込ませているのか、よく考えてみる 　例:クレーム電話が嫌だ→お客様の役に立てないのが嫌だ	Yes	No
ストレス原因が取り除けるなら、積極的に解決する努力をしている	Yes	No
ストレス原因が取り除けないなら、リラックス・気分転換する手段を持っている	Yes	No
ストレスを自分で抱え込まず、上司・先輩・同僚・専門窓口などに相談している	Yes	No

【ストレスコントロール力チェックシート：B】

自分がどういうときにストレスを感じやすいか、よくわからない	Yes	No
ストレスを感じたら、冷静に原因を考えたりできない	Yes	No
ストレス原因を取り除こうなど、前向きに考えられない	Yes	No
ストレスを解消するために、リラックス・気分転換する手段が思いつかない	Yes	No
ストレスを感じると、自分の殻に閉じこもって人に相談できない	Yes	No

2. 前述のケースを読んで、あなたはどう思いましたか？書き出しましょう。
   - 森田さんの言動についてどう思いましたか？
   - 城島さんの言動についてどう思いましたか？

3. 上記の2.で書き出したことをグループ内で意見交換し、ストレスへの対処方法について、グループの考えをまとめましょう。

第14章　チームで働く力（6）－ストレスコントロール力　123

2. 講義

◆ストレスコントロール力とは◆
「ストレスの発生源に対応する力」
- 自分がストレスを感じやすいときを知る
- 自分がやる気が出るときを知る
- 自分でできるストレス対処法
- 心の不調を感じたら

キーワード
- ✓ どういうときストレスを感じやすいですか？
- ✓ ストレスの原因は何ですか？
- ✓ 周囲の人に相談してみよう。
- ✓ 好きなことをしてリフレッシュ！

(1) なぜストレスコントロール力が求められるのか？

　ストレスコントロール力とは、**ストレスの発生源に対応する力**です。ストレスコントロール力が足りない人は、何らかのストレスを感じたときに、それに対応することができず気分が落ち込んだり、仕事への意欲を失ったりします。周囲とうまくコミュニケーションがとれなくなって孤立し、自分を追いつめて病気になることすらあります。生きていくには、**誰でも何らかのストレスを感じている**ものです。それをうまく受け止めて対処する柔軟な心や、よい意味でのプレッシャーに変えて成長につなげる強い心を持って、ストレスを上手にコントロールすることが求められています。

(2) 自分がストレスを感じやすいときを知る

　ストレスを感じるポイントは、人によって違います。体力も精神力も個人差があるうえに、こだわる点が違うからです。例えば、家庭や学校などのこれまでの経験のなかで、あまり人に叱られるのに慣れていない人は、少し叱られただけでも大きなショックを受けるかもしれません。その他にも、上司にいろいろ指導されるのが耐えられない、指導してくれないと不安でたまらない、複数の仕事を並行して進めると混乱して気が急いでしまう、単調な作業を繰り返していると耐えられなくなるなど、さまざまです。しかし、**自分がストレスを感じやすいのはどういうときか**、自覚していると対処がしやすくなります。わかっていれば、自分がストレスを強く感じる状況になった場合に「こういうの、苦手なんだよなぁ」と、**自分の精神状態を客観的に見られる**でしょう。

（3）自分のやる気が出るときを知る

どういうときにやる気が出るかを、知っておくのも効果的です。人前に出て目立つほうが好き、褒められるとやる気が出る、任せてくれたほうが思い切ってできる、仕事をして達成したときの喜びが大きいなど、**自分がうれしいこと**を考えてみましょう。それがわかれば、やる気になって気分が上がるように、自分でも努力しやすくなります。

例えば、褒められるとやる気が出ると自覚しているなら、少しでも上司に褒めてもらったときに「ありがとうございます！褒めていただけるとやる気が出ます。もっとがんばります」など言葉に出してみてもよいでしょう。上司も素直に喜んでいる姿を見れば、「よい行動があったときは、また褒めよう」と思うかもしれません。「任せてくれたほうが思い切ってできる」と思うなら、「少し自分の力でやってみたいんです。困ったときはすぐに相談しますので、任せていただけませんか？」と自分から提案してみることもできます。

（4）自分でできるストレス対処法

自分でできるストレス対処としては、以下が考えられます。

- 休養する
- リラックスする、気分転換する、好きなことをして楽しむ
- ストレス原因を振り返ってみる
- 解決策を考えて、改善する

ストレスを感じたら、まずは**休養**です。睡眠を十分とるなど、心と体を休めましょう。次に、**リラックス**です。ストレスの原因がすぐに取り除けない場合など、ストレスから一時的でも解放されるように**気分転換**します。おいしいものを食べる、ショッピングする、趣味に没頭するなど、**好きなことをして楽しむ**のもよいでしょう。

休養や気分転換は、心と体の健康のために大切なことですが、ストレス原因を取り除く根本的な解決策ではありません。解決に向けてできることは、**振り返り**です。自分がストレスを感じているのは何に対してなのか、なぜなのか、深く考えてみます。強いストレスを感じているときは、そのことを考えるのも嫌だ、という心理状態に陥ることがあります。考えること自体が心の健康にとってよくない場合は、休養とリラックスを勧めますが、解決しようという気持ちが持てるなら、原因を考えてみましょう。

　ストレスの原因がわかったら、どうしたらその原因を取り除けるか、**解決策を考えて改善**します。方法はいろいろあります。自らその原因を取り除くように働きかけたり、人の力を借りて解決したり、自分の考え方自体を変えるなどです。日ごろから、コミュニケーションしている先輩がいれば、悩んだとき相談しやすいでしょう。もちろん、**上司に相談**できるなら、そのようにします。

　上司や同僚に相談しにくかったり、それでは解決できない場合は、**社内外にある専門の窓口に相談**します。会社によっては、社員の悩み相談に対応する専用窓口があったり、キャリア相談室のような部署がある場合もあります。人に相談するのは勇気がいるかもしれませんが、**ストレス対処は早めに行う**ことを強くお勧めします。我慢できなくなるまで一人で抱えていたら、そこから抜け出すのが大変になります。軽いうちなら、人に相談するだけでもストレス解消になる場合があります。

(5) 心の不調を感じたら

　自分で対処できるストレスなら、前述のように解決しますが、ときには対処しきれず、**心の不調**（心の健康が損なわれている状態）になることもあります。ストレスによる心の不調から起こる症状の例は、以下のとおりです。

- ● 身体面　　　疲労、全身倦怠感、動悸・めまい、頭痛、不眠、食欲不振
- ● 心理面　　　憂うつ、不安緊張、怒り、幻聴
- ● 生活・行動面　生活の乱れ、行動の変化、自傷行為、ひきこもり

　私たちは日々の生活のなかで、誰でも**憂うつな気分**になることがあります。しかし、健康な人なら、時間が経てば気分も回復して元気になります。それが、**時間が経っても改善しない**、あるいは**悪化する**場合は、病気としてとらえることになります。仕事・家事・勉強などがこれまでのようにできなくなったり、人との交際ができなくなるなど、生活への

支障が大きくなります。うつ病になると、**心と体のエネルギーが低下した状態**になり、元気がなくなり、疲れやすく、おっくうで何もしたくなくなります。また、気分が落ち込み、興味・関心・意欲・集中力が低下し、将来についても悲観的になります。体がだるい、食欲不振、不眠、倦怠感、頭重感、頭痛、関節痛などの**身体症状も出る**のが特徴です。

心の不調を感じたら、以下のようなうつ病の前兆がないか、考えてみましょう。

● **楽しみや喜びを感じない**

通常なら楽しいことでも、楽しみや喜びを感じない。何をしていても憂うつ。

● **何かよいことが起きても気分が晴れない**

憂うつになるきっかけとなった出来事や要因が解決したり、自分にとってよいことが起こっても、気分が晴れない。

● **趣味や好きなことが楽しめない**

これまで熱中していた趣味や好きなことを楽しめなくなる。疲労感ばかり感じる。

心の健康について、理解を深めたり、困ったときに相談先を探すには、以下のホームページが参考になります。不調を感じていない人にも、理解を深めるために役立ちます。

・国立研究開発法人国立精神・神経医療研究センター　精神保健研究所
「知ることからはじめよう　こころの情報サイト」
https://kokoro.ncnp.go.jp
・厚生労働省　「こころの耳」（働く人のメンタルサポート・ポータルサイト）
https://kokoro.mhlw.go.jp/

放勲欽明、文思安安　（書経）

中国古典、四書五経のひとつである書経のなかで、名君といわれた堯帝（ぎょうてい）について述べた、優れたリーダーの在りようを示す一節です。「放勲欽明（ほうくんきんめい）」は業績が飛び抜けてすばらしいことであり、仕事をするうえで重要なことです。しかし、注目すべきは「文思安安（ぶんしあんあん）」です。これは、教養・学問があって志高く、思いやりに溢れていて、常に穏やかで安定し続けているさまを表します。機嫌のよいときは思いやりある行動がとれても、ストレスがかかると急に余裕がなくなり声を荒げる、そんな人と一緒に仕事をしたいとは思えません。人格者は、自分の心を平らかにコントロールすることができ、常に「安安」としているということです。

仕事をするなら「放勲欽明」を目指して努力するのは当然です。自分の感情の動きを客観的に見る訓練や、ストレスをコントロールする自分なりの方法を実践しながら、多くのことを学んで教養を高め、「文思安安」な人になりたいものです。

3. 実践

◆プロジェクトを通してストレスコントロール力を強化するには◆
「ストレスを予測して、ストレス解消の工夫をしよう」
- プロジェクト内でのストレスを予測する　－負荷がかかりそうな時期や場面
- ストレス解消の工夫をする　　　　　　　－ストレスを溜めない、発散する

(1) プロジェクト内のストレスを予測する

　プロジェクトでは、一定期間で目的・目標の達成を目指して多様なメンバーが協力しながら活動するので、**時間や納期に関するプレッシャー、目的・目標達成に関するプレッシャー、プロジェクト内の人間関係**などがストレスの原因になる恐れがあります。この章の講義で学んだとおり、自分のストレスに対する傾向を考えながら、プロジェクト活動を通してどういうストレスがかかりそうか、予測しておくとよいでしょう。予測していれば、ある程度覚悟しているので対応がしやすいからです。

■ 時間や納期に関するプレッシャー

　プロジェクトのスケジュールを見れば、**いつごろに作業が集中しそうか**、おおよそ予測できます。プロジェクト以外の自分の都合も考え合わせて、余裕を持って調整しましょう。

■ 目的・目標達成に関するプレッシャー

　プロジェクトを行うからには、目的・目標の達成を目指してチャレンジするのは当然ですが、**重要なプロジェクトほど目標達成が困難**で、プロジェクトメンバーにはプレッシャーがかかることも多いはずです。注目度が高いプロジェクトなら、**周囲の期待**というプレッシャーも予測できます。プレッシャーに負けそうになったら、プロジェクトの意義を思い出すように心がけます。

■ **プロジェクト内の人間関係**

　プロジェクトでは、普段と違うメンバーと協力して活動するので、慣れない相手、苦手な相手もいるでしょう。**初対面の人**や**親しくない人**が多いとか、**自分とはまったく背景が異なる人**が多い場合は、人間関係がストレスになる恐れもあると予測できます。その場合は、いつも以上にコミュニケーションを大切にして、**プロジェクトの前半のうちに信頼関係をしっかり作る**ように心がけます。

(2) ストレス解消の工夫をする

　ストレス解消の工夫は、この章の講義で学んだように**休養したり、リラックス・気分転換したり、原因を振り返って解決に努めるなどの方法**があります。プロジェクトの進捗遅れや目標未達がストレス原因なら、そのストレスから目を背けるのではなく、どうしたら進捗遅れを取り戻せるか、目標を達成できるか、プロジェクトメンバーで力を合わせて積極的に解決することが最もよいストレス解消方法でしょう。一方で、プロジェクト内の人間関係など自分では解決しきれない問題がストレス原因の場合は、信頼できる人に相談して積極的に解決する方法のほか、リラックス・気分転換するなどの工夫が考えられます。忙しくて疲れたり、行き詰ったときは休養も大切です。

4. 振り返り

1. **ストレスコントロール力**の発揮について、現在の自分を振り返りましょう。

これまで経験した具体的なエピソードがあれば、挙げてください。

2. あなたが**ストレス**を感じやすいのはどういうときですか？

自分の**ストレス**に対する傾向について考えてみましょう。

3. 自分の**ストレスコントロール力**を強化するためには、何をしたらよいと思いますか？

日々の活動のなかで、今日から実行することを考えましょう。

第15章 社会人基礎力強化に向けて

全体の振り返り

　社会人基礎力の12の能力要素は、独立したスキルではなく、密接に関連しています。日々の学習や仕事を通して、複合的かつ中長期的に強化します。これまで学んできたことを振り返り、今後の強化プランを整理しましょう。

講義の流れ

1.講義

〔1〕 社会人基礎力まとめ

〔2〕 今後の強化プランの立て方・進め方

2.計画と実践

　強化プランシートに記入します。

　強化プランシートに基づき、意見交換します。

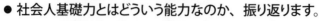

1. 講義

(1) 社会人基礎力まとめ

これまで学んできた社会人基礎力3つの能力について振り返りましょう。

■ 前へ踏み出す力

前に踏み出す力は、**主体性**、**働きかけ力**、**実行力**からなります。一言でいえば「**率先垂範**」です。「**率先垂範**」は、率先して範（模範）を垂れる（示す）、自分が先に立って取り組んで見せるさまです。当事者意識を持って、自ら考え行動し、自分が率先して動くことで周囲を巻き込んでいくということです。

■ 考え抜く力

考え抜く力は、**課題発見力**、**計画力**、**創造力**からなります。現状の問題点やあるべき姿を考え抜き、自ら課題を設定し、過去のやり方に捉われず解決策のアイデアを模索し、計画的に実行する力です。そのためには、過去の知恵を学んだり、好奇心と問題意識を持って日ごろから情報収集に努めるなど、自分の引き出しを増やす努力をします。

■ チームで働く力

チームで働く力は、**発信力**、**傾聴力**、**柔軟性**、**情況把握力**、**規律性**、**ストレスコントロール力**からなります。多様な人々と協力して物事を進めるために、多様性を尊重し、積極的にコミュニケーションし、その場の状況に柔軟に対応していく力です。ルールやマナーを守る、ストレスをコントロールするといった、自分を律する力も含まれます。

(2) 今後の強化プランの立て方・進め方

これまで各章で学び、振り返りシートに整理してきたことを改めて見直し、今後の強化プランを考えます。社会人基礎力は、日々の学習や仕事、さまざまな経験を通して中長期的に強化するので、本書でも3年間の計画と実績を記録できるようにしてあります。もちろん、4年目以降も必要に応じて続けることをお勧めします。

強化プランの立て方・進め方のステップは以下のとおりです。

現状を確認する
3～14章事前チェックシートA・BのYesの合計数をカウントします。

A	B
/60	/60

1年目の強化プランを立てる
これまで各章の振り返りシートで整理してきた強化方法を見ながら
3つの能力ごとにまとめて考えます。
なお「1年目」の考え方は、今日から1年でもよいですし、
2年生になるまで、など切りがよい期間でも構いません。
自分が次回定期チェックしやすい時期に設定しましょう。

強化プランに沿って実践する

⬇

1年目終了時 → 定期チェック（1回目）
定期チェックシートA・Bに記入して○の合計数を確認します。
3～14章で学習したときにチェックしたYesの合計数と比較し、
強化できたこと、まだ足りないことを振り返ります。

A	B
/60	/60

2年目の強化プランを立てる
定期チェック結果に基づき、2年目の強化プランを立てます。

強化プランに沿って実践する

⬇

2年目終了時 → 定期チェック（2回目）
定期チェックシートA・Bに記入して○の合計数を確認します。
1年目終了時にチェックした○の合計数と比較し、
強化できたこと、まだ足りないことを振り返ります。

A	B
/60	/60

3年目の強化プランを立てる
定期チェック結果に基づき、3年目の強化プランを立てます。

強化プランに沿って実践する

⬇

3年目終了時 → 定期チェック（3回目）
定期チェックシートA・Bに記入して○の合計数を確認します。
2年目終了時にチェックした○の合計数と比較し、
強化できたこと、まだ足りないことを振り返ります。

A	B
/60	/60

2. 計画と実践

（1）強化プランシート

　社会人基礎力強化において、目標、実践の場、実践方法を考えます。1年後には、結果を振り返って次年度につなげます。就職して3年は新人の範囲です。在学中はもちろん、就職後も定期的に振り返って強化しましょう。

【1年目】

<目標>どういう自分を目指しますか？
<実践の場>どういう活動を通して強化しますか？
<実践方法>どういう点に注意して行動しますか？ ①前に踏み出す力の観点
②考え抜く力の観点
③チームで働く力の観点
<結果レビュー>（終了後に記入）

134　社会人基礎力講座　第3版

【2年目】

<目標>どういう自分を目指しますか?

<実践の場>どういう活動を通して強化しますか?

<実践方法>どういう点に注意して行動しますか?

①前に踏み出す力の観点

②考え抜く力の観点

③チームで働く力の観点

<結果レビュー>(終了後に記入)

第15章 社会人基礎力強化に向けて 135

【3年目】

<目標>どういう自分を目指しますか?

<実践の場>どういう活動を通して強化しますか?

<実践方法>どういう点に注意して行動しますか?

①前に踏み出す力の観点

②考え抜く力の観点

③チームで働く力の観点

<結果レビュー>(終了後に記入)

（2）定期チェックシートA

あなたの社会人基礎力について、Yesと思う項目に○を記入します。

1年後、2年後、3年後と、定期的にチェックして、変化を確認しましょう。

項目	1	2	3
主体性			
勉強・趣味・仕事など、自分で目標を設定して取り組むほうだ			
目標に向かって、何をしたらよいか、まず自分で考える			
自分でやると決めたことは、自分から率先して実行に移す			
知識や経験が不足していて役割を果たす自信が持てないときは、先輩・先生・上司など詳しい人に教えてもらうなど、自分から率先して学ぶ			
たとえ人の指示でも、自分も納得して実行したのだから自分の責任だ			
働きかけ力			
人に協力を依頼するときは、まず目的をしっかり説明する			
仕事でも、人には心があるので、相手の気持ちを考えることが大切だ			
人と協力して何かをするとき、相手の立場を尊重している			
人に働きかけるとき、相手を尊重しながら、言うべきことは言える			
協力してもらえないのは、自分の働きかけが不足しているからだ			
実行力			
何かを行うとき、目的（何のためにするのか）を明確にしている			
目標は、できばえが測れるように設定している　　例：3か月後までに（納期）、体重を（測定指標）3kg（目標値）減らす			
計画どおり実行できているか、途中で確認しながら進めている			
計画どおりに進んでいないとき、どうしたら目的を果たせるか、考える			
目的と目標を設定したら、粘り強くやり抜く気持ちが強いほうだ			
課題発見力			
日ごろから問題意識を持って周囲に目を向け、情報収集している			
現状に対して、あるべき姿（目指す姿）を考えるようにしている			
問題に気づいたら、何が起きているのか、現状を詳しく調べる			
問題に気づいたら、問題を引き起こしている原因をよく考えている			
あるべき姿と現状のギャップから、解決すべき課題をよく考えている			
計画力			
何かを行うとき、取りかかる前に全体の流れを整理している			
計画は「○○を××する」と詳細項目まで分解して書き出している			
どのくらい時間がかかるか、予測したうえでスケジュールを立てる			

項目	1	2	3
納期から逆算して、余裕のあるスケジュールを立てる			
急な変更があれば、優先順位を冷静に判断し、ときには人に相談する			
創造力			
好奇心が強く、世の中のトレンドに敏感なほうだ			
日ごろから、問題意識を持って情報収集しているほうだ			
今までのやり方にとらわれず、もっとよいやり方に挑戦したい			
新しいことをするために必要な専門知識は、進んで学習する			
言われたとおりやるより、自分なりの創意工夫をしたい			
発信力			
事実を伝えるとき、固有名詞、数字は確認して正確に伝える			
何か説明するとき、結論を先、根拠・経緯・補足は後にしている			
何か説明するとき、受け手の状況を確認したうえでタイムリーに伝える 　例：緊急でなければ、受け手に余裕がないときには無理に伝えない			
何かを伝えたら、受け手が本当に理解したか、何らかの方法で確認する			
話の内容によって、面談、電話、メール、文書など手段を使い分ける			
傾聴力			
人の話を聞くときは、聞くことに専念して、理解しようとしている			
人の話を聞くときは、先入観なくできるだけ素直に聞こうとしている			
アイコンタクト、表情など、言葉以外のリアクションをする			
あいづちを打ったり、質問したり、言葉でのリアクションをする			
人の話は原則さえぎらず、相手が話しやすい雰囲気作りをする			
柔軟性			
国籍が違うなど、文化的背景が違う人と協力して何かをするときは お互いの文化について情報交換するようにしている			
考え方や感じ方が違って当たり前だと考え、受け入れる努力をする			
相手が負っている役割や立場を考えるようにしている			
自分と違う意見でも、よく聞いて理解しようと努めている			
自分と違う意見の人とも、対立を恐れず話し合おうと努めている			
情況把握力			
チームで何かするとき、自分の役割を理解している			
チームで何かするとき、周囲の人が自分に何を求めているか考えて、 その期待に応えようと努めている			
その場の空気に合わせて、自分の感情や行動をコントロールできる			
相手の気持ちを予測して、気配りしている			

chapter 15

項目	1	2	3
TPO（Time, Place, Occasion）をわきまえて、行動している			
規律性			
社会のルール（法律、社会的規範など）を守って人に迷惑をかけない			
所属する組織（職場、大学など）のルールを守って人に迷惑をかけない			
ビジネスマナーの基本を理解し、おおむね迷わず対応できる			
何のためのルールやマナーなのか、その目的を考えている			
ルールやマナーは原則であり、目的に照らし合わせて柔軟に実践する			
ストレスコントロール力			
自分がどういうときにストレスを感じやすいか、傾向を自覚している			
ストレスを感じたら、何が自分を落ち込ませているのか、よく考えてみる 　例：クレーム電話が嫌だ→お客様の役に立てないのが嫌だ			
ストレス原因が取り除けるなら、積極的に解決する努力をしている			
ストレス原因が取り除けないなら、リラックス・気分転換する手段を持っている			
ストレスを自分で抱え込まず、上司・先輩・同僚・専門窓口などに相談している			
合計（○の数をカウントして記入　全60項目）			

（3）定期チェックシートB

　あなたの社会人基礎力について、Yes と思う項目に○を記入します。

　1年後、2年後、3年後と、定期的にチェックして、変化を確認しましょう。

項目	1	2	3
主体性			
勉強・趣味・仕事など、目標は人から与えられて取り組むほうが多い			
目標に向かって、何をしたらよいか、指示してほしいほうだ			
人の指示にしたがって、言われたとおりに実行することが多い			
知識や経験が不足していて自信が持てないときは、先に進めなくなる			
人の指示で行ったことは、自分の考えではないので自分の責任ではない			
働きかけ力			
人に協力を依頼するときは、実施内容や手順を中心に説明する			
仕事に感情を交えるべきではないので、相手の気持ちを考える必要はない			
人と協力して何かをするとき、相手の立場は考慮しない			
人に働きかけるとき、相手に遠慮して、言いにくいことは言えない			
協力してもらえないのは、相手の主体性が不足しているからだ			

項目	1	2	3
実行力			
何かを行うとき、あまり「何のために」と深く考えないほうだ			
目標が具体的でない場合が多い　例:夏までに痩せる			
途中で確認しないので、気が付いたら計画と大きく違うことが多い			
計画どおりに進んでいないとき、目標を低く変更することが多い			
目的と目標を設定しても、困難な状況になるとあきらめてしまうほうだ			
課題発見力			
日ごろから、あまり問題意識が強いほうではない			
現状で目立った問題がなければ「もっとこうしたい」とは思わない			
問題に気づいても、詳しいデータを集めて現状を調べるのは面倒だ			
問題に気づいても、原因を深く考えるのは面倒だ			
解決するべき課題は、思いつきで決めることが多い			
計画力			
何かを行うとき、まずはできることから始めてみる			
計画は、作成したとしても大きな流れを整理する程度である			
どのくらい時間がかかるか、深く考えずにスケジュールを立てる			
気が付くと納期ギリギリになっていて慌てることが多い			
急な変更があると、対応しきれず慌てることが多い			
創造力			
世の中のトレンドにはあまり興味がない			
日ごろから、あまり積極的に情報収集していない			
今までのやり方を変えるのは面倒だ			
今まで学んだことがない専門知識が必要なら、あきらめることが多い			
言われたとおりに、コツコツやるほうが性に合っている			
発信力			
事実を伝えるとき、固有名詞、数字を確認せず間違えることがある			
何かを説明するとき、順序は意識していない			
何かを説明するとき、受け手の都合よりも、早く伝えることを優先する			
受け手が本当に理解したか、特に確認はしない			
話の内容がどうであれ、原則メールを使う			
傾聴力			
人の話を聞きながら、それに対する自分の意見を考えていることが多い			
人の話を聞きながら、つい一般論や過去の経験と比べて評価してしまう　例:一般に○○は××なものだ…など最後まで聞かずに結論付ける			

140　社会人基礎力講座　第3版

項目	1	2	3
相手の目を見ない、無表情、腕組みなど、否定的な雰囲気になりやすい			
あいづち、質問など、言葉でのリアクションが少ない			
途中で人の話をさえぎることが多い			
柔軟性			
国籍が違うなど、文化的背景が違う人と協力して何かをするときでもお互いの文化について話すことは少ない			
自分と違う考え方や感じ方の人は、なかなか受け入れられない			
相手が負っている役割や立場について、あまり考えたことがない			
自分と違う意見を聞くと、どう反論しようかばかり考えがちだ			
自分と違う意見の人と対立したくないので、意見を言わないことが多い			
情況把握力			
チームで何かするとき、自分の役割は何か、あまり深く考えない			
チームで何かするとき、周囲の期待に応えようとは、あまり考えない			
空気が読めず、自分の感情をあらわにしたり、勝手な行動をとりがちだ			
相手がどういう心理状態か、あまり深く考えない			
TPO（Time, Place, Occasion）に関係なく、思うとおりに行動している			
規律性			
社会のルール（法律、社会的規範など）を軽視しがちだ			
所属する組織（職場、大学など）のルールを軽視しがちだ			
ビジネスマナーの基本の理解について、あまり自信がない			
何のためのルールやマナーなのか、目的まではあまり深く考えない			
ルールやマナーは、そのとおり守ることが何より大切だ			
ストレスコントロール力			
自分がどういうときにストレスを感じやすいか、よくわからない			
ストレスを感じたら、冷静に原因を考えたりできない			
ストレス原因を取り除こうなど、前向きに考えられない			
ストレスを解消するために、リラックス・気分転換する手段が思いつかない			
ストレスを感じると、自分の殻に閉じこもって人に相談できない			
合計（○の数をカウントして記入　全60項目）			

■ チェックシート活用

定期チェックシートは、3 〜 14 章にある事前チェックシートと同じ内容です。まとめてチェックできるように一覧にしてあります。

- 事前チェックシートA　→　Yes が多いほど社会人基礎力が高い
- 事前チェックシートB　→　Yes が少ないほど社会人基礎力が高い
- 定期チェックシートA　→　○が多いほど社会人基礎力が高い
- 定期チェックシートB　→　○が少ないほど社会人基礎力が高い

なお、本書では自己評価していますが、自分の行動特性をある程度知っている人（上司・先輩・同僚・友人など）にも評価してもらうと、周囲からはどう見えているかわかって大変参考になります。可能であればチェックしてもらうとよいでしょう。

提一燈　行暗夜　勿憂暗夜　只頼一燈　（言志晩録、佐藤一斎）

　一燈を提げて暗夜を行く。暗夜を憂うることなかれ。ただ一燈を頼め。

　江戸時代の儒学者、佐藤一斎の言志晩録の一節です。つらいことや悲しいことがあってくじけそうになったとき、自分に自信が持てず不安に思うとき、思い出したい言葉です。

　一燈（いっとう）とは、提灯ひとつです。暗い夜を提灯ひとつ持って行く、暗い夜を恐れることはない、その提灯を頼りに歩いて行こう、と言っています。私たちが生きる世界は、この先どうなるかわからない不確実性に満ちており、ときには苦しみ、悲しみ、憎しみなど、私たちの心に闇をもたらすことにも遭遇するでしょう。だからといって恐れることはない、自分自身の心を照らすあかりひとつあれば、それを頼りに胸を張って生きていける、ということです。心を照らすあかりとは、自分の拠りどころとなるもの、信念、心の軸、と言い換えてもよいでしょう。自分の拠りどころとなるものをしっかり持っている人は、困難にも立ち向かっていけるという毅然とした決意を感じます。心を強く持って、自分を磨き、堂々と歩いていきたいものです。

索引

英字

AI	71
Google アラート	71
Inoreader	72
KJ 法	51
TPO	105

あ

アイスブレイク	98
相手を尊重する考え方	29
アクティブリスニング	89
アサーティブ	30
後工程	58
あるべき姿	46

か

拡大質問	89
課題発見力	46
課題を発見して解決するまでの流れ	48
簡潔に伝えるポイント	79
キャリアデザイン	5
強化プランの立て方・進め方	132
規律性	112
具体的なアクションへのブレイクダウン	57
計画力	56
傾聴力	88
限定質問	89
好奇心と問題意識を持った情報収集	68
心の不調	126
コンプライアンス	113

さ

実行力	38
自責	21
自分の目標の設定	20
自分の役割や期待の理解	104
自分を客観的にみる視点	31
社会人基礎力	13
社会人としての心構え	12
社会や組織のルールの理解	112
周囲の期待	104
柔軟性	96
主体性	20
生涯収支シミュレーション	5
情況把握力	104

詳細スケジュール	59
情報セキュリティ	114
人生 100 年時代の社会人基礎力	14
人生設計	4
ストレスコントロール力	124
ストレス対処法	125
正確に伝えるポイント	78
ゼロベース思考	73
創造力	68
率先垂範	132

た

タスク	23
多様性の尊重	96
チャット	81
伝えるタイミング	80

な

ネガティブな心理状態	105

は

働きかけ力	28
発信手段の使い分け	81
発信力	78
ハラスメント	113
ビジネスマナーの理解	115
プロジェクト	22
報連相	78, 118
ポジティブな心理状態	105

ま

前工程	58
マズローの欲求 5 段階説	5
目的と目標	38
目的の共有	28
目標達成までのプロセス	56
モニタリング＆コントロール	39
問題と課題	46

や

優先順位	60

わ

わかりやすく伝えるポイント	79
ワールドカフェ方式	73

●著者紹介　山﨑　紅（やまざき　あかし）

人材開発コンサルタント。富士ゼロックス株式会社（現 富士フイルムビジネスイノベーション株式会社）にて、ドキュメントコンサルティングに従事後、営業本部ソリューション営業力強化チーム長として課題解決型営業育成、人事本部人材開発戦略グループ長として全社人材開発戦略立案・実行を担当。その後、変革マネジメント部にて全社改革プロジェクトリーダーとして、コミュニケーション改革、働き方改革に従事したのち独立。コミュニケーションと人材を切り口に企業改革を進めるコンサルタントとして活動中。官公庁、民間企業、大学など幅広く指導。主な著書に「授業・セミナー・会議の効果を上げる オンラインコミュニケーション講座」「持続可能な私たちの未来を考えるSDGsワークブック」「社会人基礎力を鍛える 新人研修ワークブック 第2版」「選ばれる人材になるための職業能力開発講座 ビジネス基礎知識編 第2版」「小学生からはじめる　考える力が身につく本－ロジカルシンキング－」がある。

成蹊大学　経営学部　客員教授
一般社団法人 社会人基礎力協議会　理事　研究委員会副委員長
一般社団法人 日本テレワーク協会　アドバイザー
東京都 テレワーク定着への課題解決アドバンス事業　コンサルタント
経済産業省推進資格　ITコーディネータ
デジタル庁　デジタル推進委員
一般社団法人 日本経営協会認定　情報資産管理指導者

■本書は著作権法上の保護を受けています。
　本書の一部あるいは全部について、日経BPから文書による許諾を得ずに、いかなる方法においても無断で複写、複製することを禁じます。購入者以外の第三者による電子データ化および電子書籍化は、私的使用を含め一切認められておりません。無断複製、転載は損害賠償、著作権法の罰則の対象になることがあります。

■本書についての最新情報、訂正、重要なお知らせについては下記Webページを開き、書名もしくはISBNで検索してください。ISBNで検索する際は -（ハイフン）を抜いて入力してください。
　　https://bookplus.nikkei.com/catalog/

■本書に掲載した内容についてのお問い合わせは、下記Webページのお問い合わせフォームからお送りください。電話およびファクシミリによるご質問には一切応じておりません。なお、本書の範囲を超えるご質問にはお答えできませんので、あらかじめご了承ください。ご質問の内容によっては、回答に日数を要する場合があります。
　　https://nkbp.jp/booksQA

求められる人材になるための
社会人基礎力講座　第3版
2012年11月12日　初版第1刷発行
2024年10月21日　第3版第1刷発行

著　　者	山﨑　紅
発行者	中川 ヒロミ
発　行	株式会社日経BP
	東京都港区虎ノ門4-3-12　〒105-8308
発　売	株式会社日経BPマーケティング
	東京都港区虎ノ門4-3-12　〒105-8308
装　幀	斉藤 重之
DTP制作	持田 美保
印刷・製本	大日本印刷株式会社

・本文中に記載のある社名および製品名は、それぞれの会社の登録商標または商標です。
　本文中では®および™を明記しておりません。
・本書の例題または画面で使用している会社名、氏名、他のデータは、一部を除いてすべて架空のものです。

©2024 Akashi Yamazaki

ISBN978-4-296-07104-3　　Printed in Japan